你可以沒有學歷，但你不能沒有能力！
你可以沒有能力，但你不能不去努力！

長得漂亮是優勢，活得漂亮是本事

莉莉安　著

關於本書

每次看到「長得漂亮是優勢，活得漂亮是本事！」這句話，首先讓我想到的就是「舒淇」，而且幾年來她都是「唯一」的人選，也沒有「唯二」的出現！

可我想到她並不是因為上半句，而是因為下半句。從她二十幾年一路走來的心路歷程，她真的是百分之百當之無愧——活得漂亮是本事！

那麼，難道舒淇長得不算漂亮嗎？漂亮，絕對漂亮！可是舒淇不是天生的美人胚子，她的美是天生野性所雕琢的，瀟灑十足、率性飄然，別人就是要學也學不來，只能望「淇」興嘆了。她每每在舉手投足、一顰一笑之間，總能產生致命的吸引力扣人心弦，加上她又被名氣夠大的「ELLE雜誌」選為全球最性感的嘴唇的十大女星之一（她是全亞洲唯一上榜的人物）這份殊榮代表她非但是一個漂亮寶貝，也是一個性感尤物、女人味十足的天生贏家！

以一個初中畢業的程度，她也自立自強、刻苦自學，一口流利的英文，也常常語出驚人，吐露出一些飽含哲理的深刻文句，簡直讓人驚為天人，以生活的歷練為舞台，她不愧是一個貨真價實的生活實行家，也是——自己生命的哲學家！

——不要說在娛樂圈裡很容易被朋友出賣，就是那些八卦娛樂雜誌，也在一天到晚出賣你，我想這比一個朋友的出賣給你的傷害更深。

——我也曾試過被美麗的外表吸引，現在就覺得帥只是一種誘惑，其實只要心地好已經足夠。

——我覺得自己不是美女，美女應該很精緻的。我比較粗糙，只是有些率性，是另外一種類型。

——你可以做錯事，但是不要讓自己的生活有遺憾。也許你跟那個你愛的人真的在一起時不過兩三個月就分手了，但你一定要去嘗試，要去追求過。

——初戀的感覺太久了，應該是很甜的。現在的愛情很多都是速食的，以前可能只是兩個人坐在一起，你看看我，我看看你，他每天在你家樓下，接你上學，過很久才敢輕輕拖拖你的小手。

——犯賤是普遍真理，你我只是其中之一。

——不要以為一天到晚笑嘻嘻或者沉默寡言的人好惹，當你撕開他的面具你會連跪下機會都沒有！

——我要做花瓶。很多人認為女演員就是花瓶，有漂亮臉蛋和長長秀髮就可以了，其實當個好花瓶不是容易的事，要真的有料才行。牡丹是裏外都綻放的，我很欣賞鞏俐，希望可以像她一樣做個有內涵的花瓶。

——用了十年的時間，把曾經脫掉的衣服重又一件一件穿上。

——如果你某天拉黑了某人，後來不小心把他放了出來，相信我，你還會再拉黑他第二次的，有些人存在的意義就是為了讓別人拉黑（網路用語，指加入黑名單將對方變成拒絕往來戶）。

——背後說我的人，我想告訴你，我不是你爹，也不是你媽，沒那麼多故事讓你惦記。

——我知道有好多人一定會娶我，只是不知是否我愛的人而已。

——女人就像書架上的書，雖然你買了她，但在你買之前她多多少少被幾個男人翻過如果沒被翻過，只能證明這書根本就不能吸引人。

——女人如果遇到好男人，一輩子都不需要成熟起來。女人越來越成熟堅強，都是因為她們沒有遇上好男人！

——我做事用不着所有人都點頭，我活着就是讓討厭我的人越來越不爽！

——我覺得失戀是很悽美的，而失婚很難聽。我不喜歡被別人約束，結了婚就不能出去玩，我喜歡自由自在。我是一個藝人，沒有辦法接觸到生活中一些普通正常的感情，很多東西都要靠幻想，我的理想就是年老的時候，有一堆朋友在我的身邊，在法國的海邊買一個小島，度過我的下半生。我覺得這是很浪漫的事情。

——我的愛情是很純真很浪漫的，「愛情」多美的兩個字，看到這兩個字我就想到刻骨銘心，轟轟烈烈，純純的、甜甜的，但是現在這種愛情已經不存在了。如果有什麼憧憬，就是放在我的電影裏，愛得死去活來的，多好。

——如果我50歲的時候，還有人發自內心稱讚我性感，我會很開心。

——現在的我，你愛理不理，記住了，以後的我，你高攀不起！

——嫉妒是一把刀，最後不是插在別人身上，就是捅進自己心裏。

——年輕的我們，容易把感動當成愛情，也容易把過客當成摯愛。

前言

也許你不一定會長漂亮，但你絕對可以活得很漂亮！

青春就是要懂得抓住人生的每一個時刻，趁還有犯錯的時間與空間努力去嘗試，趁還有夢想時趕快去追求，如果你的熱情已經讓你產生了勇氣，那麼你將會有一番作為，人生不會辜負你，也不會讓你這輩子白活。

不要每天老是去羨慕別人，要學會了解自己，然後告訴自己，我想過怎樣的人生，準備好了，你就可以出發去追逐自己的夢想了……

天底下所有女人都有的煩心事就是——自己的容貌。

女人不僅自戀，而且也都自卑，即便美得一塌糊塗的女人，也仍會覺得自己依舊欠缺點什麼。相信每個女人都有過這樣的經歷，對著鏡子自言自語：「為什麼鼻子不再高一點……嘴唇再厚一點就更性感了！」

相貌問題上，女人永遠不會滿足。更有意思的事情是；越是美女越活得不自在，反倒是那些相貌普通的女人，能夠一天比一天滋潤。

這就是老天的公平，給予每個人的都是一點點，也許是美貌，也許是智慧，也許是口才，也許是膽量……說到底，就是要你憑著這一點點，去博取整個人生的精彩！

很多女人把自己的一切不如意，統統歸結於相貌的問題——

如果我很美，我可以進軍演藝圈，可以當個明星，可以燦爛奪目！

如果我很美，我可以遇上優秀的男人，可以嫁入名門、住進豪宅、可以一輩子揚眉吐氣！

如果我很美，我可以進入大企業公司，可以成為美女主管！

但是你也要知道：

能當影視明星的女人未必個個都是美人胚，相貌平平的大有人在。

能遇上優秀男人的女人很多，但能抓住男人心的也未必都是美人。

不是漂亮寶貝一樣可以當主管，出人頭地打拼的可不是靠臉蛋。

長得漂亮是優勢，活得漂亮是本事——如果女人不懂得這樣的道理，那永遠都不會強大起來——「漂亮」兩個字涵蓋了女人所有的生活理想；臉蛋，要長得漂亮；日子，要過得漂亮；在外交際要說漂亮話；在家會友能端出兩盤漂亮菜……女人的裡裡外外，都希望光鮮照人！

總之，要活得漂亮，就要懂得知性的風情。莎士比亞說：「玫瑰很美，但是使它更美的是它的香味。」身為一個女子，每個人都知道，青春也許會因為成長而褪色，而智慧卻會成長而散發出魅力！所以，只要按照你自己的節奏去敲自己的音符，你也可以譜成一曲悠揚的樂章，這就是你的特色——活得漂亮是本事！

1 創造你的好感度

2 職場上的風采

3

撐起半邊天

4

愛是一門功課

5 安心自在的心境

6 輕鬆愉快的生活

7

凡事都往好處想

8 婚姻診所

Part 1

創造你的好感度

Chapter 1.

部分參與

——不做愛情俘虜的一個小祕密

被愛情俘虜的女人，常常會不管三七二十一，把自己所有的愛一股腦兒都給了對方，也不管對方能否接受。這樣的方式就像把一壺油一下子倒進漏斗，結果不僅倒不進去，還會適得其反，把油全灑了。同樣，愛的給予也像往漏斗裡倒油一樣，需要不緊不慢地，才能取得良好的效果。

不緊不慢地給予你的愛，首先要注意他的生活，不要全部進駐私人領域，要採取「部分參與」的方法。因為，男人在很多方面其實也和女人一樣，十分看重自身的私密。所以，聰明女人懂得充分尊重他的私人空間和他的個人祕密，而不會過早地介入他生活中的各個方面。

聰明的唐娜就是一個戀愛高手，她對待喜歡的男人，尤其是那些優秀的男人，從來不主動投懷送抱。她喜歡假裝毫不在乎他，不緊不慢地出沒在他身邊，然後以靜引動，就像魚餌一樣，等待他自動上鉤。

他是一個事業有成、魅力不凡、氣質脫俗的男人。某次他吃午飯時，來到一家唐娜經常光顧的輕食餐館，他與她初次相遇。他一向很自負，憑過去的經驗，往往是女人主動與他搭訕。

不過，讓他意外的是，唐娜是他慣例中的一個例外。當時唐娜正全力以赴地對付面前的火腿、萵苣和番茄三明治，他故意在她身旁走來走去，竭力想引起她的注意。唐娜知道他正在注視自己，她在心底對他也很有好感，但她卻假裝毫無察覺。

第二天他又來了，唐娜照樣只是一副老娘才懶得看你一眼的態度，接著就全神貫注地解決她盤子裡的美食，不再對他多個臉色。他覺得自己驕傲的心受到了挑戰，他不能容忍有女人敢如此輕視他。於是，第三天他又來了，一切都沒什麼改變。第四天他不死心，還來，唐娜仍然對他視若無睹。他終於耐不住了，他認為這是公然的挑釁，既然如此，他就必須和她正面交鋒。他不相信，還真有對他毫不在乎的女人。

於是，第五天，他主動約她出去，她答應之前，略微猶豫了一下，說：「我不認識你，所以我不知道是否和你合得來，不過，我們可以像朋友一樣開始，然後，一切順其自然。」

這個男人曾經讓許多女人趨之若鶩，但是當他遇到聰明的唐娜之後，不得不面臨一個挑戰，亦即追求一個讓他不太容易得手的女人，這吊足了他的胃口，卻也讓他更想得到她。

在戀愛中，當男人對女人表示了好感，很多女人就誤以為對方已經給了她某些「權力」，她便迫不及待地開始行使它，她會自作主張地替他安排許多事情，尤其是在他並沒有給予自己確切的承諾以前。

如果一個男人發現自己的女友總是想支配自己時，他可能很難下決心與她結婚。別以為你們的關係已經非常親密了，更不要以為你有了他公寓的鑰匙，就等於他已默許了一切。過於殷勤只會讓他對你失去所有的胃口，最終只會遠離你。

因為太好的女人，對男人而言，是一種壓力，而不是吸引力！

Chapter 2. 百般變化

——聰明女人滿腦子都在想什麼

聰明女人為了不使自己在男人心目中成為永垂不朽、佈滿塵埃的雕塑，一定會在自己的穿著打扮上花點心思，讓男人總能看見不同的自己，讓男人對自己始終充滿新鮮感。女人的變化不斷，男人的驚喜就不斷。一個百般變化的聰明女人是沒有機會淪為怨婦的，聰明女人的煩惱在於，有眾多的男人爭著來應徵自己愛情的男主角，到底該選哪一個？

聰明女人最大的變化在於形象，她不會一件衣服反反覆覆穿N天，更不會隨便套上一件根本不適合自己的衣服。

女為悅己者容。不同風格的服飾能打造出不同的自己，在女人嘗試著變換另一種造型的時候，不僅會讓男人耳目一新，連自己也能陡然發現那個與往日大不相同的自己，不覺中有了驚喜。聰明女人對於如何做到百般變化，有著自己的心得體會——

聰明女人注重搭配，能將10件衣服穿出20套的效果。衣服不在多，會搭配就行，有的女人雖然衣櫥裡塞滿了衣服，但每次約會的時候，將所有的衣服都試了一遍之後，仍覺得沒有衣服可穿。而聰明女人注重搭配，能將10件衣服穿出20套的效果。她們從不大量購置衣服，她們善於搭配，同樣的上衣搭配著不同的裙裝和褲裝，或者同樣的裙裝搭配著不同的上衣，就儼然搭配出不同的風情。

聰明女人能利用配飾將一件平淡無奇的衣服穿出別樣的效果。雖然絲巾、項鍊這類細節看似不起眼，但往往能折射出女人更深刻的品位。聰明女人常能利用配飾將一件平淡無奇的衣服，穿出別樣的效果，進而渲染出不同的自己。聰明女人對於同一件衣服，精心挑選著不同的配飾，從而點綴出自己的不同氣質。

聰明女人的衣服不是最貴的，但一定是與自己的氣質最匹配的。有品牌的東西不一定就是最適合自己的，而且品牌的服飾往往價格不菲，或許購買一件品牌服裝的價錢能夠購買十件非品牌的服裝。聰明女人善於淘衣服，總能在逛街的時候從林林總總的一般服飾中，選出最別緻的那一件。聰明女人會採用不同的方式買到自己滿意、價格合理的衣服，比如網購，因為同樣的衣服，網路總會便宜得多。

聰明女人沒時間、也不會可憐兮兮地對男人的感情巴著不放，她們忙著裝扮自己、彰顯自己的魅力。因為一個男人已死的激情，不是靠女人幾句哀求就能復活的，要想成為男人眼中久看不厭的風景，就要像一個百變「魔女」一樣，天天給他驚喜。

Chapter 3.

婚前性行爲

——讓愛情來得更猛烈更持久的祕訣

拒絕婚前性行為，可以讓愛情來得更猛烈，更持久。可以促使男人打定主意，早一天結婚、早一天得到你。

每一個女孩在身體發育成熟之後，都會有性需求，相對於男孩來講，她們更容易壓抑這種願望。當然，也會有個別的女孩需求比較強烈。然而，性行為對男孩來說是一種真正的享受，他們的風險也非常小，幾乎等於零。對女人來說，如果不是已經到了結婚的年齡，不是已經結婚，要生兒育女，那將是百分之百的風險。發生得越早，風險越大。婚前性行為足以讓一個女孩毀滅數次，儘管每個人只有一生，並無來世。

女人的性行為，只能以結婚為前提。即使你已經到了適婚的年齡，如果不能結婚，仍然存在很大的風險。大家不要以為我們思想太保守。我們認可女人，尤其是已到法定結婚年齡的女人，都應該自由地享受。

如果沒有結婚，會存在哪些風險？很多女孩在20歲以後有了正常的性生活，如果她們24歲結婚，或28歲才結婚。那麼，她們在婚前至少有四～八年的性生活史。

那麼，她們在婚前即使採取了避孕措施，至少也會有2～3次因避孕失敗而墮胎。這2～3次的墮胎，對女人身體的傷害是顯而易見的。它比生三個孩子對身體的傷害還要大。這份痛苦雖然容易忍受，但容貌的衰老，身心的損害通常難以接受。而更大的變化則是心理上的變化。

美麗的人生，就像一個接著一個享受不完的盛宴。婚前性行為，就像最豪華的晚宴還沒開始，你就在廚房裡饑不擇食地吃飽了。當別人興致勃勃地入座時，你自己都懷疑，自己是否非要赴這個盛宴不可？主持人介紹的任何一道美食，都不能引起你的食欲。你不知道自己是該提前告退，還是繼續留在那裡。即使留在那裡，你也會覺得沒有一點意義，可是離開他們，你又會多了一份空虛。

人生有許多盛宴，每一個人都應該盡情盡興地去享受，慢慢地去品味每一道佳餚的滋味，這不僅僅是為了填飽肚子，還要欣賞程式化的表演，獲得超越美食的意義，而不是急於去赴另一場酒宴。如果說婚前性行為是急於果腹，那墮胎就是獨自品嘗的苦酒。這種滋味是沒法對任何人講的。

人的一生，有許多美好的季節，應該充分享受每一個季節，做每一個季節應該做的事，享受每一個季節應該享受的陽光、空氣、果實和風景，而不是急於摘那些未成熟的青澀果實，如此，才會有成熟的香味和甜美的滋味。

對於女人而言，婚前性行為就是在品嘗沒有成熟的果實。而對男人而言，婚前有過性行為的女人，就像一個在家裡已經擱了很久的，早已沒有一點味道的，甚至是已經開始腐爛的水果。

想一想，他那種無所謂的態度，那種吃膩的感覺，你就會感到自己的巨大犧牲、完全的付出，餵的只不過是一隻白眼狼。如果他是你的第一位男人，那你們的這一生，也許還能共同走下去。

現在有多少女孩只談過一次戀愛就有了結果？如果他並非是享受了你的初夜權的那個男孩，那未來的幾十年，在你成了半老徐娘，人老珠黃的時候，又將怎樣度過？是否還有真愛，是否能相敬如賓？

女人第一次的性，當然也會有各種不同的因素存在，但最大的原因是不懂事，如果你已經經歷過，那也無妨，你還有一個好方法——徹底忘掉它！

Chapter 4.

完美主義的圈套

——你是不是真的喜歡自己

沒有哪個女人是完美的。

不要陷入完美主義的圈套，要學會換一個角度看問題，給自己更多的希望和力量。

視覺上的美麗熟悉之後會變得平淡，感受上的美好卻會日益長久。

女人一定要真心地喜歡自己。喜歡自己，並不是盲目自戀，而是能夠認識到自己的優缺點，坦然地接受自己的一切，不管是優點還是缺點。真心喜歡自己的人，懂得快樂的祕密不在於獲得更多，而是珍惜現在所擁有的一切。你會覺得自己是那樣地受到上天的恩寵，是那樣幸福地生活在這個世界。這是一份開放的心境，更是你快樂的起點。具有這樣的心境的女人，你對生活、環境、你周圍的人，會自然流露出喜悅之情，感動自己，影響他人。

沒有人可以確切地知道自己是不是真正受人歡迎，但卻可以問問自己：我是不是真的喜歡自己？心理學研究表明，要想別人喜歡你，首先要培養喜歡自己的特性。回想一下，你身邊一定有些既不漂亮又不富有的朋友，這些人是你朋友圈子中受歡迎的人，他們就是喜歡自己的人。

心情可以長久地影響女人的容貌。很多女人花了很多金錢，買高檔化妝品，做美容，其實調整心情是女人最珍貴的滋養品。心情的好壞，看上去是源自身外的煩惱，事實上是你的一種態度和控制力。

學會接納自己，接納自己的缺陷，真誠地喜歡自己，喜歡自己的不完美，喜歡自己的個性。你會發現你不僅擁有更自大喜悅感的生活和人生，還會獲得更多的魅力。

生命的本性是快樂的，如同綻放的鮮花，激盪的歌曲，迷人的芳香。女人應該善於發現生命的意義，走進自己的內心。有一句人們常說的格言：「愛你的鄰人如同愛你自己。假使你不愛自己，又怎麼愛別人呢？」

女人要學會愛自己，不要怨恨自己，不要自暴自棄；柔軟地、溫和地關懷自己，學會原諒自己。

印度的奧修說：「學習如何原諒自己。不要太無情，不要反對自己。那麼你會像一朵花，在開放的過程中，將吸引別的花朵。石頭吸引石頭，花朵吸引花朵。如此一來，會有一種優雅的、美妙的、充滿祝福的關係存在。如果你能夠尋得這樣的關係，那將昇華為虔誠的祈禱，極致的喜樂，透過這樣的愛，你將領悟到神性。」

Chapter 5. 學會安慰自己

——世界上最倒楣人的思考模式

生活中不如意之事十有八九。如果每遇一件不順心的事你就咳聲歎氣，或者乾脆大哭起來，那麼，你很快就會變得憔悴的。

想要成為一個幸福的女人，就要學會當自己的朋友——安慰自己。去買上一件新衣服或一雙新鞋；去美容店做做按摩、換個新髮型，為自己燒幾樣可口的菜。總之，讓自己也享受一下，快樂一下。

千萬別跟自己過不去。尤其是在另一半不體貼的時候，別做起一副苦命的樣子等他來同情，那不會有什麼用，那樣倒楣的只能是你自己。

我們不是大富翁，我們耐不住清貧，所以失望的事情是經常發生的。比如某一日你得到一小筆獎金，立即想去買一件衣服，不料轉了大大小小的商店之後才沮喪地發現，凡是你看中的你都買不起，凡是你買得起的你都看不中。這時你心裡會有一種酸楚，覺得自己青春都過去了，卻連件像樣的衣服都買不起。你可能會把這酸楚帶回家轉嫁給身邊的人，你還會為此幾天悶悶不樂，平添幾道皺紋。

不要這樣。因為向周遭的人發牢騷除了使對方不快外沒有任何作用，既然口袋裡有這筆錢，買不成衣服還能買不起別的東西嗎？何不買上一條漂亮的紗巾或者買一個高級的飾物呢？這些東西也是你平時希望擁有的，它們同樣能使你感到愉快。帶著它們回家比帶著傷感或怨氣回家要強得多。你還可以用剩下的錢買上一張自己喜歡的ＣＤ，也可以挑一本想讀的書，生活不是一下子就富有了嗎？

然後你想，等下次錢多一些再買衣服吧。在原先的衣服上繫一條新紗巾，上衣帶一個新飾物，同樣能煥發精神。

學會安慰自己，實際上就是學會調整自己的情緒。它的方式是可以多種多樣的。心煩時閉著眼睛聽上半小時音樂，孤獨時一個人騎車去走走那些從未走過的大街小巷，或者任意撥通一個朋友的電話閒聊上幾句。

總而言之，不要因為一點點小事，就覺得自己是世界上最倒楣的人，就一個勁兒往傷心煩惱的泥潭裡沉。

生活中的快樂處處都有，不要等著別人送來給你，自己去找吧！

Chapter 6.

在一起如何生活

——要為對方保留個人空間

單獨並不是說兩人一定要分開。如果夫妻在一起仍然能夠保持單獨一人的境界——個人空間。那說明彼此是非常尊重對方的。在這種情況下，共同生活的概念就有了一種新的含義。

年輕的莉莉這樣說的：「我可以和一個男人一起生活，同時又覺得我完全是自在的。我們常常坐在一個屋子裡，我做首飾，他做他的事，我們雖然在一起工作，但我的感覺和思考都是獨立的。對我們來說，在同一個屋簷下，當每人都能專心致志地做自己的工作的時候，就是兩人在一起最美好的時光。」

巴克和莎拉則是一個反面的例子，他們不允許對方表達想單獨一人待一會兒的要求。巴克的律師事務所正是興旺時期，這花費了他的大部分精力。他的妻子莎拉掌管家務和照料孩子，事情幹得也很出色。晚飯後她當然樂意坐在沙發上休息一會兒。她希望巴克能和她一起坐一會兒，但是巴克的要求與她的不一樣。

巴克對朋友抱怨說：「在事務所裡我沒有時間休息，回到家裡四個孩子又這麼吵鬧。為了自己能有個地方單獨待一會兒，我把屋頂的小屋擴建了一下。可我不能上去。我一上去莎拉就生氣。我還能怎麼辦呢？我只好延長工作時間，星期日也去辦公室。如果真想躲開一切的話，我就去打高爾夫球。」

一位妻子如果不會自己活動，又不理解丈夫想單獨一人待一會兒的需求，那極可能像莎拉一樣，使她的丈夫無法待在家裡。在家裡，莎拉不給巴克一點兒時間自己支配，又非讓他與自己在一起消遣，否則便不高興，那對於巴克來說，只能是三十六計走為上策。到了最後他也許一走了之——離婚。

有些夫妻的住房比較小，空間上不允許一個人單獨擁有一個地方，對於他們來說，學會兩人在一起，同時每人又能單獨地活動就特別重要。有的夫妻居住的住宅較寬敞，雙方可以常常回到自己的房間去。但是，他們也會覺得兩人在一起，同時每人又能單獨活動是一種享受。通過這種方式單獨一個人活動，會加強雙方一種在一起的感覺。

這也許就是「在一起生活」的真正含義。但是許多夫婦恰恰破壞了這種可能性，他們認為，在一起就是要求對方不斷地集中精力注意自己。

Chapter 7.

經濟獨立

——沒收入的女人在家中為什麼沒地位

聰明女人的獨立首先體現在經濟上，她們有著自己的事業，至少有著自己的工作，她們不做「寄生小資女」。試想，一個體態妖嬈的女人穿著華美高貴的晚禮服，在宴會上談吐自如，舉止優雅，可是轉過身，卻低眉順眼地向男人討要生活費，那一瞬間，她的身上還會有魅力的光彩嗎？

一個善於運用知識，發揮自身特長，並孜孜不倦地去實現夢想與事業的女人，比那些依賴丈夫生活的女人更讓男人著迷。因為女人首先要屬於自己，然後才是家庭，這樣的女人才是真正有智慧的。

唯經濟獨立的女人，才是真正意義上的現代小資女，才有可能得到男人真正的尊重。否則，男人買單以後，就自然而然地生出支配欲望。你不再是獨立的個人，而是由他任意支配、使喚的女奴。

蘇珊娜婚後一年有了兒子，但是婆婆和媽媽身體都不好，無法幫她帶孩子，她只好放棄工作在家做了專職太太。沒有了工作，帶孩子的工作卻一點也不輕鬆，最要命的是丈夫的態度變化很大，看到家裡有一點做得不好，就說：「真不知道你天天在家都做什麼了，地板那麼髒也不拖一下。」他不知道帶孩子有多累，一晚上起來數次，如果蘇珊娜說一句帶孩子辛苦，他就會說：「那你白天不會等孩子睡了，也休息一下，再說誰家的孩子不是這麼帶大的，就你覺得辛苦？」

有一次兒子病了，鬧騰了好幾天，蘇珊娜也好幾天沒有休息好，早上就多睡了一會兒，她老公就拉長臉說：「都幾點了，還不起床做早飯，難道還得讓我給你做了早飯，再去上班嗎？」

雖然我們不能說，所有沒有收入的女人在家中都是沒有地位的，但是我們能確定很多沒有收入的女人，在家中的確是沒有地位。

獨立是一種很高的境界，它需要高素質的心態和全新的價值觀。聰明女人之所以從裡到外都透著現代小資的優雅、時尚，就是因為她們在經濟上有獨立感，這種感覺能使她們的精神獨立有相對堅實的地基。通過經濟的獨立，她們才能享受到成功的滿足感，這種滿足感能讓她們變得優雅、自信、神采奕奕。

但是，遺憾的是，很多好女人在結婚之後，為了老公，為了家，不惜放棄自己的事業，這是不明智的。愛情不是女人的一切，女人不要把男人當成一切的依靠，現代女性也應該擁有自己的事業和人生目標。如果你的心是以一個男人為中心，那樣，你會把所有的心思都花在他身上，成為一個沒有自我的家庭主婦，失去了往日的自信和魅力。

Chapter 8.

笑容勝於美容

——女人征服男人的最佳方式

女人發自內心的微笑，是女人奉獻給世界的真誠與善良，是一處移動著的世界上最美的風景。笑不僅是女人表情達意最基本的方式，也是社交中的有利工具。最重要的，笑還是女人征服男人的最佳方式。

上帝造就女人的時候，就注定了她們比男人更擅長笑。女人天生愛笑，是因為女人比男人感情豐富，性格更溫柔，也更敏感。女人的笑表達了多種情感：高興時笑，害羞時也笑；點頭時笑，搖頭時也笑；認真時笑，說謊時也笑；看到男友笑，她會跟著笑；瞧見愛人生氣，她則會格格地逗他笑。

女人的笑是最美的，女人的笑是最珍貴的，女人的笑是最有魅力的。笑是女人可愛的招牌。天底下誰的微笑最美？當然是女人。當男人與女人吵架時，只要女人開始微笑，立刻就能化解敵對的氣氛，兩個人的關係從此和諧而甜蜜。當有人心情不好時，只要出現女人的微笑，立刻就能讓烏雲成彩虹。當有困難無法解決時，只要有女人的微笑，一切問題就能迎刃而解。

當勞累一天的丈夫回到家，看見溫柔體貼的妻子笑容滿面，他的壓力就會減輕不少，快樂也隨之而來；相反的，如果丈夫在外面有了煩心事，回到家還要面對一張烏雲密佈的苦瓜臉，和無休止的嘮叨，那對於他的心情而言就是雪上加霜，縱然妻子有著絕世的美貌，也難以讓他快樂！

在兩性交往過程中，喜歡保持笑容的女人更容易博得男性的好感，交往也將更為順暢。

笑容勝於美容。如今，整容美女遍地都是，豈不知女人臉上那發自內心的笑容才是最美的。女人與其把大量的精力花在美容養顏上，倒不如把時間用在培養自己好脾氣、好性情上，讓自己的臉上每時每刻都洋溢著自信而善意的笑容。

女人的微笑不但可以給別人帶來輕鬆愉悅的感覺，對於自己的心境塑造也有積極的作用。好運氣的女人！每天都要對著鏡子對自己笑一笑，告訴自己是這個世界上最好的女人，無論在外面遇到什麼事情，自己都要善待自己，就算在外面看不到別人的笑容，也會天天看見鏡子裡自己的笑容，給自己信心，給自己勇氣，給自己快樂！

Chapter 9.

美麗從頭開始

——平凡的女孩如何變得美麗動人

女人的美麗，絕對是從頭開始的！再平凡的女孩，如果有了一頭飄逸的長髮，也會變得美麗動人起來。亮麗光澤的三千青絲，無疑是女人一道迷人的風景線。而且，除了美麗動人之外，頭髮的烏黑順滑，也代表你的身體健康十足。

長髮是女人味的源泉，女人的頭髮就如同自己的第二張臉，擁有一頭飄逸的秀髮，不僅可以增添自信與魅力，還可以在吸引男性目光方面，產生意想不到的效果。長髮所表現出的溫柔、嫵媚的女性美，是其他內在與外在特徵都無法超越的。

美國佛羅里達州州立大學心理學家凱利・克萊恩博士領導的研究小組，對50名男子進行了一項調查，將同一名女子的髮型通過電腦分別處理成長、中、短三種樣子，結果絕大部分男子都認為長髮的女人最性感。不少男人在感覺女人的吸引力時，經常都是從她的頭髮開始的。這是因為從背後看女人，頭髮幾乎占了她整體形象的一半；從前面看女人，頭髮也堪稱是「第二主角」。尤其是色澤、香味和動感的完美統一，成為男人無法抵禦的誘惑。

頭髮的誘惑力極大，它與性選擇的視覺、聽覺、嗅覺、觸覺均有關係。很多男人都認為，長髮是女人味的源泉。他們對女人歪著頭撫弄頭髮的動作非常敏感，雖然可能很多女性都出於無心，但是大多數男人都會覺得女人的這個動作是在賣弄風情，那種無意之中散發的嫵媚與性感，會讓男人浮想聯翩。

有意思的是，看到擁有一頭充滿質感、流光溢彩的青絲，男人也會情不自禁地想要觸摸。因為很多男人都覺得這種觸摸是神祕、親近、純情的交融，而非赤裸裸的「性速食」，其煽情效果要直接得多。

很多男人對女人頭髮的願望和期待，是一頭披肩的長髮。頭髮是女人柔情萬般的性感工具。女人也許並不知道，當女人的髮梢滑滑地掃過男人的肌膚時，有多少根頭髮便會傳遞多少縷柔情蜜意。

Chapter 10.

做好你自己

——帶給頂尖歌星卡絲．黛莉好運的大齙牙

有個修車匠的女兒，她一直想當個歌手，不幸卻長了闊嘴和齙牙。第一次公開演唱的時候，為了顯得有魅力，她一直想辦法把上唇向下撇，好蓋住暴出的門牙。結果呢？由於表情很不自然，讓她看起來十足可笑，當然就注定了一場不成功的演出。

但是，有個人聽了演唱之後，覺得她頗有歌唱天賦音色也很美，便率直地告訴她，「我看了你的表演，知道你想掩飾什麼，你不喜歡自己的那口牙齒。」女孩聽了覺得很羞赧。

那人繼續說：「這有什麼呢？齙牙並不是罪惡，為什麼要掩飾它呢？張開你的嘴巴，只要你自己不引以為恥，觀眾就會喜歡你的。何況，這口牙齒還說不定會帶給你好運氣呢！」

她接受了這個人的建議，不再去想那口牙齒。從那時起，她關心的只是聽眾。她張大了嘴巴，盡情開懷地唱，終於成了頂尖的歌星——她就是卡絲．黛莉。

你和我都具有這些潛能，所以，不要浪費時間去擔憂自己與眾不同。你在這世上完全是嶄新的，前無古人，也將後無來者。

遺傳學家告訴我們，你是由四十八個染色體互相結合的結果，其中二十四個來自父親，二十四個來自母親。每個染色體裡面有成百個遺傳基因，每一個基因都能改變你整個生命。因此，我們的確是「不可思議、極為奇妙」的一個組合。

你應慶幸自己是世上獨一無二的，應該把自己的稟賦發揮出來。經驗、環境和遺傳造就了你的面目，無論是好是壞，你都得耕耘自己的園地；無論是好是壞，你都得彈起生命中的琴弦。

愛默生在散文《自恃》中寫道：

「每個人在受教育的過程當中，都會有段時間確信：嫉妒是愚昧的，模仿只會毀了自己；每個人的好與壞，都是自身的一部分；縱使宇宙間充滿了好東西，不努力你什麼也得不到；你內在的力量是獨一無二的，只有你知道自己能做什麼，但是除非你真的去做，否則連你也不知道自己真的能做。」

另外，道格拉斯・瑪拉赫也用一首詩表達了他的看法：

「如果你不能成為山頂上的高松，那就當棵山谷裡的小樹吧——但要當棵溪邊最好的小樹。如果你不能成為一棵大樹，那就當叢小灌木；如果你不能成為一叢小灌木，那就當一片小草地。如果你不能是一隻麝香鹿，那就當尾小鱸魚——但要當湖裡最活潑的小鱸魚。

「我們不能全是船長，必須有人也當水手。這裡有許多事讓我們去做，有大事，有小事，但最重要的是我們身旁的事。

「如果你不能成為大道，那就當一條小路；如果你不能成為太陽，那就當一顆星星。決定成敗的——不是你尺寸的大小——而在做一個最好的你！」

Chapter 11. 做個好人
——女人為人處世的最大學問

為人處世的最大學問就是，盡自己的能力做一個好人。人人都有做好人的願望，願意做惡人的人很少。但是做好人也並不那麼簡單，這既要考慮自己的實際情況，也需要有一定的能力。

比如，在遇到性格的衝突時，有涵養的人彈性就大，就容易忍讓；當事業發生衝突時，有見識的人就容易理解別人的行為，因而時常能夠做出妥協讓步；當發生經濟利益的衝突時，相對有實力的一方，就容易表現得很大度，捨得放棄。

在任何時候，發生任何利益衝突時，要學會客觀地分析問題。如果你表現得非常情緒化，難以克制自己，這並不意味著真理就在你這一方，就真的是對方侵害了你的利益，而很有可能是因為你自身處於弱勢，相對脆弱、敏感和多疑。妥協和善於妥協，就是為人處世的訣竅。

你如果能理智地分析問題，能相對客觀地裁定是非，你便會明白，衝突的發生是有其原因的。在每一件衝突中，傷害的都不僅僅是你自己，做最大限度的妥協就是盡自己最大的能力做好人。

女人不能吃虧，這很正常，可是女人也不能貪圖小便宜，這會因小失大，因小失節。既不能吃虧，又不能占便宜，這看起來很難，其實要做到也並不難。只要你認識到，真正能夠占到便宜的事從來都是雙方共贏的。這就是女人之道，事事都要處理得恰到好處，既不會吃虧，又不會有損於自己的形象。

盡力做好人，也是為了自己的形象。待人周全，處世精明，是一種形象；有素質有品位，也是一種形象。形象是女人的根本利益，而一時的得失則是表面利益。

如果一個女人為了一點蠅頭小利，與人爭得面紅耳赤，哪裡還有絲毫品位形象可言。那只不過是在告訴別人，你很窮，窮得連幾分錢的損失都承受不起。做女人要真誠，還要有一顆善良的心。關心弱勢群體，不與窮人爭利，是起碼的要求。

真與善，是女人最好的「化妝品」。沒有什麼東西可以比真與善讓女人看起來更美。盡自己的能力去追求真與善，如果一時不能有所作為，但也別忘了，真與善是我們行為的目標、努力的方向。

做好人，體現真與善，在現實的世界都是有條件的，既存在素質的要求，也存在經濟條件的要求。不要做自己做不了的事情。全真全善的人，是人們心目中的理想形象，但這並不現實。你只要盡自己的能力塑造好美女的形象，就已經成功了，沒有必要再把自己塑造成觀音菩薩。

簡單地說，無論是何時何地，打造自己的美女形象，維護美好的形象，就是你最大的利益。

美好的形象，有助於改善你的生存環境，讓你獲得幸運之神的青睞。只有美女才有資格走好運，才有可能走好運。為了有朝一日的這一天，每個女人都要學做美女，每個女人都要學做好人。

Chapter 12.

潛意識強化

——用一句話表達清楚你的魅力

如果你每個月只騎一次自行車、游一次泳或做一次體操練習，那麼，你只能鍛鍊一下肌肉——僅此而已。但是，如果你經常堅持鍛鍊，就可以收到長期效果。你的身體會更加結實，更加靈敏，身體素質也會隨之得到改善。

幻想只是你所希望的一種具有良好競技狀態的精神方面的訓練。同樣，在激勵自己方面，你也必須進行有規律的想像性鍛鍊，也就是說，每天至少一次，只有這樣長期堅持才能收到預期的效果。

激勵自己的一種最好的辦法，就是不斷地想你所希望實現的目標。在美國，人們稱這種辦法叫「強化」，它早已成為人們為實現個人追求的目標而喜歡用的一種技術。

為了獲得有效的強化作用，你首先必須找到正確的表達方式。

為了你的魅力，你要考慮一下，你應採取什麼行動或抱持什麼態度，然後用一句話把它表達清楚。請注意以下幾點：

一、盡可能具體地說出你計劃採取的行動或態度。比如：「我想變得更美好些。」具體地就應該這樣說：「每天早晨，我要以微笑和喜悅的語言來歡迎我的同事。」

二、要像已成為事實那樣表達你現在的決心。不要說：「我準備買一條紅裙子。」應該說：「我買了一條紅裙子。」

三、用肯定的語氣表達你的意思。盡可能不用「沒有」、「不行」等這些詞。比如不說：「以後我再也不吃垃圾食品」，而應說：「從今天起，我一定注意營養均衡、有益健康的飲食習慣。」原因是，我們的下意識往往只注意那些反面的資訊，並把它就此定下格來，比如「垃圾食品」。

「以後每週我都要空出一個晚上來打坐，為的是重新找回自我。」

「我買了一支漂亮的紅色唇膏。」

「下次再同我丈夫的朋友一起用餐時，我一定表現出非常歡迎他們的樣子。」

「如果我生氣了，我就明確地說這是為什麼。」

用類似這樣的話來表達你的想法簡單明瞭，而且對實現你想提高自己魅力的願望也是必要的提醒。你不妨把這些警句寫在卡片上，或用便利貼黏在你可以看到的地方。

不斷強化你要達成的目標，否則你可能要成為懶散的犧牲品。

Part 2

職場上的風采

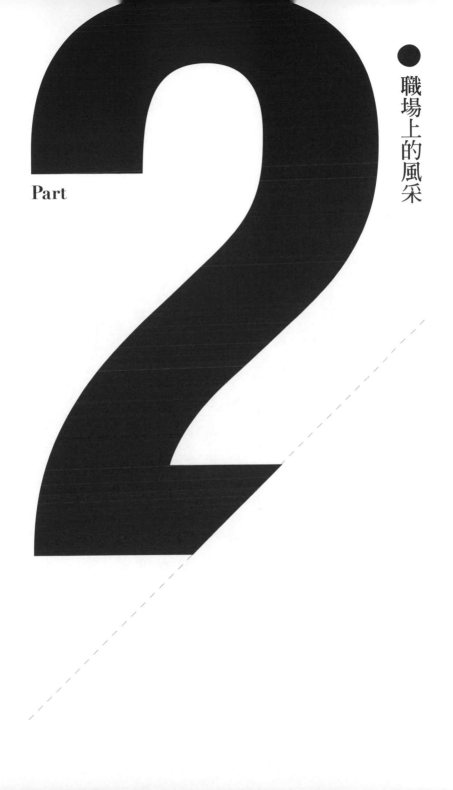

Chapter 1. 職業定位

——你到底喜歡什麼樣的工作

很多人在走上工作崗位之後才發覺，自己原來根本不喜歡這份工作，因而在工作當中總顯得無精打采，整天咳聲歎氣，悶悶不樂。其實，如果你遇到這種情形，千萬不要灰心；你應當先問問自己：真正喜歡做的是什麼？然後開始為自己真正喜歡的工作創造條件。

對於露絲來說，最讓她寒心的是她原本選的專業極其冷門，因而在畢業時不得不到一家小公司做了一名小祕書。這使她對工作極其缺乏熱忱，每天猶如和尚撞鐘般得過且過。露絲對此也十分迷茫，總覺得自己像是搭錯了車，卻又不知該在哪一站下車。

痛苦的經歷持續了相當的一段時間，直到有一天，露絲才從朋友的經歷中發覺了自我。露絲的朋友原本是學電子的，但她卻一直對服裝特別感興趣，因而在畢業後不久就獨自開了家小小的服裝工作室。雖然她沒學過服裝設計，但她也做得非常好，更關鍵的是她覺得非常開心。

露絲這才重新考慮自己真正喜歡什麼樣的工作。她發覺自己的口才一直不錯，而且對外語有一種天生的熱情，自己最初的期望就是做個商務代表或業務談判代表之類，只是原先因為自己覺得所學的專業不對，因而一直不敢問津。明確了自己的方向後，露絲開始努力，她上了一個經濟管理的培訓班。當然，這只是第一步。不久，她在老闆面前展示了自己的外語天才，深受老闆賞識。因而，在一次需與一家跨國企業談判時，老闆帶上了她充當翻譯。在談判的第一天，露絲就根據自己所學的知識，發現了自己公司的一些漏洞。在晚飯後，當老闆隨口問她有什麼看法時，露絲便將心裡的判斷和盤托出。老闆非常驚訝，因而在以後的許多談判過程中都帶上她，露絲在實際上成了老闆的助手。終於，露絲在自己的努力之後得償所願，做了公司的專案談判代表。

其實，在職場上搭錯車的很重要的原因就在於不了解自我，不知道自己真正喜歡的是什麼。也有的人是因為自己的思維定式，以為自己不是專業出身就不會有前途，不敢輕易嘗試自己真正感興趣但是沒有學過的工作。而實際上很多成功的人，現在幹的都不是他本來的專業。高等教育在傳授給你專業知識的同時，更重要的是傳授給你思考問題的方法。因此，不要以為你不是專業出身就一定幹不過別人，要知道，興趣是工作的催化劑，它能使你的才能迸發出難以想像的活力。而一個你不喜歡的工作，卻可能扼殺你的生活情趣。

當然還有一個前提條件是：你具備幹新的工作的素質和能力。

Chapter 2. 工作環境

——你不滿意工作的真正原因是什麼

在日常的工作中，也許你會發現，即便你的專業對口，一個你不喜歡的環境也會令你心生不耐，進而懷疑自己是否選錯了專業。其實，這不是你的問題，而是環境的關係。有時，也許你只要改變一下現在的工作環境，你就會有一個質的飛躍。

利迪婭畢業於某知名大學的心理學專業，畢業後幸運地留校任教。當時的利迪婭非常開心，懷著對這一崇高事業的敬重和一股青春的衝動，她鼓勵自己一定要努力學習、工作，把自己所學的知識再傳遞給她的學生。

隨著時間的飛逝，利迪婭卻開始感到有一種不可調和的空虛在困擾著自己。這並不是說她厭惡這項工作，相反，幾年的教育經歷足以讓她終身受益。利迪婭不僅學了豐厚的事業知識，也在磨鍊中日漸成熟。只是，校園裡太平靜、太單調、太循規蹈矩，不痛不癢的日子，讓天性好動好強的利迪婭漸趨麻木。利迪婭強烈地感覺到如果再不及時解決問題，她將失去自我，失去原本可以昇華的靈魂。

於是不甘平淡的利迪婭開始了新的追求。她熱愛自己的專業，儘管目前的工作並沒有脫離她的專業，但是利迪婭更希望自己能夠在實踐中運用它，讓自己頭腦中的東西在槍林彈雨中得到錘鍊，而不僅僅是紙上談兵。

對利迪婭而言，她需要的是能在一個更加廣闊的天地裡施展拳腳，那才是她真正的情趣所在。

最後，利迪婭轉換跑道到了一家諮詢顧問公司。充當心理醫生，幫助別人解決心理問題，日子過得充實而開心。

所以說，當你對現在的工作不滿意的時候，一定要弄清楚不滿意的真正原因是什麼？是不喜歡這份工作，還是不喜歡這個環境？

有時候，一個專業可以有相關的許多職位，即便你熱愛自己的專業，但卻不滿意那個環境，那就試試吧，找個適合自己的地方。往往，只是一些環境的變化，就會激發你工作的天性，從而在你面前展現出一片寬廣的天地。

Chapter 3. 可愛的薪水

——如何讓老闆為你加薪

對於薪酬，大多數女性都是含蓄的，即便對自己的薪資不滿意，也不敢直接提出來。其實，提請加薪雖然是一著險棋，弄不好會因此而被「掃地出門」或者被趕出去，老闆也會對你「另眼相看」。但是，如果你善開「金口」，向老闆提出加薪也遠沒有我們想像的那麼可怕。

尤娜・蓋爾到一家公司打工，本來談好了過了試用期兩個月就給調整薪資的。但是三個月過去了，她的薪資仍然沒有任何變化。於是，她趁著向老闆送文件的機會對老闆說：「老闆，有件事，我一直想問您一下。」老闆說：「有什麼話，你儘管說。」她說：「我發現自己的薪資與試用期期間沒有變化，想問問是不是我的試用期已過，而正式聘用的相關手續還沒有辦妥？」其實，她知道人事部門已經給她辦好了手續。老闆聽後沒有什麼特別的反應，而是認真地回答說要幫她問問看。

第二天，老闆就找到她，對她說：「真是不好意思，其實你的薪資上幾個月就應該加上去了，只是財務上一時沒辦好手續，以後有什麼事如果我忘了可以提醒我一下，不要有什麼顧慮！」

在你明明該得到加薪的時候，老闆沒有給你加薪，這時候，不管是老闆一時疏忽忘記了，還是故意忘記的。你都不妨為老闆找一個臺階，讓他下來。讓他既有機會，又有面子地給你加薪。

當然，成功說服老闆為你加薪，還需要注意以下幾個方面——

一、要有理有據——在開口向老闆要錢時，最好先制定一個談話要點，然後有理有據展開。當他意識到給你加薪有百利而無一害，甚至還能憧憬到不久就能收穫到滾滾財源時，你的目的才能達到。

二、要選擇適當的時機——最好的時機是當老闆沉浸在成功的喜悅中，或是他的家人有什麼喜事而使他輕鬆愉快的時候，你向他提出適當的要求他就比較容易接受。

三、靜聽老闆不為你加薪的理由——當你提出加薪要求而老闆並沒有同意的時候，老闆肯定會解釋暫時沒有給你加薪的理由。這時，你要心平氣和地傾聽，然後再尋找突破口。與之發生爭執，一味堅持應該為自己加薪的理由，這樣只會適得其反。

四、只要你認為加薪是合理的，你就有權提出——但提出加薪時最好是巧妙地、有技巧地同老闆交流自己的想法，就算萬一不被老闆接納，也不會給大家留下難堪，以致影響日後的工作。

Chapter 4.

內秀女人

——美術系畢業生如何成為歌星的服裝設計師

作為女人，只有努力避免平淡，追求特色，才能夠在以男性為主導的現代世界裡脫穎而出。

有一位美術系剛畢業的女生，對於設計服裝的布料和花樣非常有興趣，她決定要涉足這一行。只是，剛開始進入這個行業非常困難，因為無論是使用布料的服裝設計師，或者是製造服裝的工廠，都有自己已經很習慣的供應商。對於一個完全陌生、甚至還只是初出茅廬的布料設計者，他們根本就沒什麼興趣。

女生拿著一堆自己長期嘔心瀝血設計的作品，來到一個著名服裝設計師的公司。助理設計師本想打發她走，可是見她一副渴求的模樣，便於心不忍地對她說：「好吧！我拿進去給我們的設計師看一下。」

過了一會兒，助理設計師出來對女生說：「設計師說，我們的設計圖太多了，根本沒時間看。」

這位女生又跑到製造服裝的工廠，結果也是一樣。她四處碰壁，心情十分沮喪，但心想一定要堅持下去。她想：只要方法用對了，不斷地嘗試，她一定就能打開僵局。

有一天，這位女生來到一位著名歌星的簽名會上，大名鼎鼎的歌星擁有許多歌迷。女生擠在一堆歌迷裡面，也以一副十分崇拜的樣子望著歌星。好不容易輪到她和歌星握手時，女生由背包裡拿出一些布樣和自己的設計圖，對歌星說：「我好崇拜你！真想為你設計漂亮的服飾。請你在這幾塊布上為我簽個名。」女生擺出十分崇拜的模樣。

歌星看了這些布料和設計圖說：「哇！好漂亮！請你和我的服裝設計師聯絡，我想用這些布料來設計一些衣服，這是她的電話。」

女生開心地說：「好啊！我明天就去。」

第二天一大早，女生就來到先前她被潑了一頭冷水的著名設計師的公司。女生拿出有女歌星簽名的布料來，對助理設計師說：「是她叫我來找你們的，她說要用這些布料做衣服。」

助理設計師進辦公室不到幾分鐘，設計師就帶著滿臉的笑容走出來見她。女生就這麼走進了這個行業，而且愈來愈受客戶的歡迎。

靈活用腦，借助名人的力量推銷自己，這就是內秀女人的聰明之舉。有內涵的女人，是擁有大智慧的人。正是大智慧使她們在處於困境的時候，不沮喪，不落淚，反而積極地用頭腦去想盡各種辦法，從而在芸芸眾生中脫穎而出。

Chapter 5. 好與壞的心態

——什麼樣的黑夜才是最黑的

只有不敢去碰的刺螫人才是最疼的，就像只有不敢走進的黑夜才是最黑的一樣，這有一種心理的作用，但也是事實。命運如此，艱難挫折也是如此。

有個叫琳達的女孩大學畢業後，到一家跨國公司去應聘業務員，畢業於某知名大學的她，非常順利地進入到了最後一輪的面試。

面試是由公司的總經理負責。個頭不高，微微有些發胖的總經理四十多歲的樣子，眼睛裡透著精明、練達。他看了看琳達的資料後，說：「雖然你的表現很優秀，但我們仍不會聘用你。」

琳達有些意外，大腦迅速膨脹著，不過她還是清醒地意識到應該保持風度，微微一笑，說：「沒關係，我再到別的公司去碰碰運氣。」

「年輕人，請你告訴我，你走出大廳會先想到什麼？」

面對這個已屬額外的問題，琳達坦然地說：「我應該首先想一下這次面試失敗的原因，發現自己的不足，爭取下一次成功。」

「你不用想了，我們決定聘用你，我們需要善於總結教訓、承擔失敗的業務員。」

八個月後，琳達已經成為這家公司的部門經理。

琳達能成功獲得公司的工作職位，完全是她積極的人生態度打動了面試主管，這也正是面試官所想要的。積極心態是女人成功的首要條件，是一個人思考問題的方法。一個人如果是個積極的思考者，實行積極思維、喜歡接受挑戰和應對麻煩事，那她就成功了一半。琳達的事例就驗證了這一點。

人們常說，性格決定命運，心態決定姿態。對待生活，不同的態度就會有不同的表現。要看一個女人生活得是否幸福，不能看她的物質狀況，因為有錢的不一定就會覺得幸福，而很多經濟條件一般的，反而活得有聲有色，讓人看了好生羨慕。

我們的歡樂與痛苦，其實都是自己的心態造成的。心態都有好與壞之分，尤其是當它反射到我們心靈境面上的時候，由於摻雜了主觀臆斷的因素，我們心目中的好與壞也就偏離了原來的真實本質。

Chapter 6.

贏得未來

——女人應該怎樣注重百萬價值的形象

女人在職場最重要的資本是什麼？一項專門針對女性資本調查的數字表明，40％是能力，之後依次為容貌是33％，人際關係是14％，學歷是8％，金錢和職位各占1％。

一個健康而有魅力的職業形象，將給女人的事業發展帶來額外收益。在能力相同的情況下，漂亮的女人要多賺5％。

香奈兒夫人說：「不化妝、不注意形象的女人沒有未來。」她每天都要精心地裝扮自己，讓自己時刻保持好的狀態。因為，「我不知道機會何時到來，所以每天都化一個淡妝，精心搭配，做好迎接的準備。」

聰明的女人總是打造和提升自己的個人形象。因為她們知道，形象對她們來說價值百萬。那麼，女人應該怎樣注重個人的形象呢？

服裝不能造出完人，但是第一印象的80％來自著裝。穿著不當和不懂得穿衣的女人永遠不能上升到管理階層——穿著得體雖然不是保證女人成功的唯一因素，但是，穿著不當卻會保證一個女人事業的失敗。

穿衣要有自己的個性、自己的品味，但不要盲目地追求時髦。穿在別人身上好看的衣服，套在自己身上不一定好看。衣服重視質，而不要重視量。要選擇布料舒服的、優質的。花錢買一大堆便宜貨，還不如買幾件有檔次的衣服。衣服的檔次決定你個人的職業形象。

形象不是財富，但它的作用卻勝過財富。良好的個人形象是一種資本，不管在什麼樣的場合，良好的個人形象都能使你在生活中大放光彩。對於女人來說，形象更為重要，良好的形象可以增加自身的價值，提升自己在別人心中的地位。

那些在事業上取得巨大成功的女性，她們不管在言行舉止還是外表衣著上都能給人帶來一種非同一般的感覺，讓人不得不佩服她們的魅力。

在工作失敗的女性中，35%的人是因為她們的不良形象導致的。公認的有魅力女性的個人形象是：穿著得體、談吐優雅、有條不紊，和具有職業權威。

所以說，形象是一個人的品牌，要生活在自信和快樂中，就必須重視自己的形象。想像一下，如果一個人衣裝豔麗卻舉止粗俗，打扮入時卻口吐髒話，那麼她在大眾眼中的形象如何？

女人的形象就是一張特殊的名片，經營好自己的形象就是經營好女人的未來，對形象資本的投資就是對自己未來的投資。每一個成功的女人都善於為自己打造良好的個人形象，並把它變成自己成功的資本。

Chapter 7.

適度誇張

——女人應該如何自我包裝和自我展示

一個女人長得再漂亮，如果她不走出家門，別人永遠不知道她的漂亮。一個女人如果不懂得自我包裝和自我展示，那麼，她再優秀再出眾，也有可能被別人忽略。因此，會成功的女人，通常都有些「自賣自誇」的本事。

一項社會調查的結果表明：個人的事業成功、家庭幸福、生活快樂，都與自身的推銷能力有著極為密切的內在聯繫。

艾達、玫琳凱和貝弗莉同時應聘，又先後被招進了同一家大型企業。在校時，她們都是才思敏捷、成績優異的好學生。但是參加工作以後，僅僅才過兩三年，她們的薪資待遇和職務就有了很大的差別。

學財會專業的艾達做了一名會計。她的個性含蓄而文靜，習慣於踏踏實實地埋頭工作，給人的印象就是不太合群、不大吭聲，也很少參加單位組織的各項活動。

她總覺得自己的業務能力和水準早已超過了其他同事，但是並沒有得到領導的肯定和賞識。有空的時候，她經常想：「如果哪一天老總找我單獨談話，藉著向他彙報工作情況的機會，我就可以好好展示一下自己的才幹了！」

在設計部的玫琳凱，也有同樣的想法。但是，她的性格比艾達稍顯外向一些，不僅常常在想老總什麼時候能「召見」自己，而且每逢老總來視察的時候，她總是第一個從座位上站起來，跑過去打招呼、端茶倒水，並抓住時機寒暄幾句。

在這三個女孩中間，最有處世智慧和頭腦的是貝弗莉。她剛進公司沒多久，就從各方面、各管道詳細了解老總的工作經歷和人生起伏，把老總的學校背景、言談風格，以及習慣嗜好也都打聽清楚。她精心設計了幾個跟老總交流的話題，也想好了應對常見問題的一些方案。

她知道老總有時候會去員工餐廳吃飯，就開始密切關注老總的動向。當她看見老總單獨坐在餐廳一角時，她馬上坐過去，看似隨意地閒談幾句。漸漸地，老總覺得兩人有很多共同話題，也越來越欣賞她。

有一天，老總找她長談了一次，了解了她的工作情況和她的才幹。很快，貝弗莉如願以償，在公司裡爭取到了更好的職位和發展空間。

在生活中，很多含蓄、靦腆的女人認為：只要自己是金子就不怕被埋沒，就算被暫時遺落在某個地方，也總會被人發現，還可以出人頭地。但實際情況並非如此，就像商品必須做廣告一樣，人才要想嶄露頭角，得到命運的青睞，也要善於表現自己。別人只有知道了你的能力，才會為你提供更多的機遇。你的表現得到認可之時，就是你的機遇從天而降之日。

在這個快節奏、高效率的時代，才華出眾的女人更需要乾脆俐落、敢作敢當的風範。當領導挑選人才時，首先看重的是個人的真才實學。你就要實事求是地宣傳自己的長處、才幹，並適當表達自己的願望，這樣才能讓別人更加了解你，適當地引起別人的注意也能給予你更多機會。

千萬不要因為謙虛而埋沒自己。

Chapter 8. 別做膽小鬼

——企業高級白領斯卡雅升職記

很多女人看到蟑螂、老鼠等一些小動物時，都會驚恐地尖叫一聲。她們的膽小也體現著她們的可愛，能激起男人的保護欲。但是在這個競爭激烈的社會，有時候僅有「可愛」是不管用的，因為一旦步入社會，你就要面對那些跟你具有競爭關係的其他人。女人應靠自己的膽量去實現美好的願望，不要在男人安逸的懷抱中虛度青春年華。

大學畢業後，斯卡雅進了一家設計公司。在設計部，有很多同事的繪圖速度都比她快，做方案的能力也更強。看來，如果她想在公司裡站住腳，就需要好好下一番工夫。可是，一年過去了，她仍然只是一名普通的設計員。

有一天，老總召集全體員工開會，說：「按照目前的工程量，公司現有的設計師已經夠多了，但是業務部卻缺少獨當一面的能人。我想從設計師中抽調幾名去跑業務，你們有誰願意嗎？」

老總逐個徵詢在座設計師的意見，但他們都推說自己對業務部的流程一竅不通，難以勝任。其實，他們都認為自己是「學院派」、科班出身，怎麼能走街串巷、滿臉堆笑地攬活呢？

這時，斯卡雅猛地站起來，自告奮勇地說：「老總，我願意！」會後，她馬上被調到業務部工作。對於她來說，這是十分陌生的工作崗位，很多事情都讓她感到暈頭轉向。她必須迅速適應周圍的一切，儘快建立自己的客戶網路，才能擴大業務成交量。

斯卡雅開始走出辦公室，主動和別人商談合作事宜，了解市場上的價格與折扣。斯卡雅成了個大忙人，她不僅要負責業務部的大小事務，還要將自己針對每個社區樓盤所做的實地調查情況，做成書面報告交給老總，以便於公司開展下一步具體的工作。

在業務部工作將近四年，斯卡雅建立了穩固的客戶群，同時又讓其他業務人員充分施展了自己的才幹。他們團結合作，創造了前所未有的業績，使公司上上下下的人都對她刮目相看。

這時，公司正準備起用一些年輕骨幹加入管理層，領導們都不約而同地想到了斯卡雅。他們認為她有才幹、勤奮努力，為公司創造了巨大效益。老總對她的印象最深刻，因為幾年前只有斯卡雅大膽地站出來，承擔這份棘手的工作，她確實是一位敢作敢為的現代女性。

斯卡雅順理成章地進入了管理層，而當初和她坐在同一間辦公室的設計師們，卻一成不變地還在從事原來的工作。她靠著自己的無所畏懼，敢於接受挑戰，才搶佔到先機，讓自己在競爭激烈的環境中脫穎而出，成為上司眼裡的寵兒。

不妨大膽一點，多給自己一些嘗試的機會。初登舞臺，放低姿態；站穩腳跟，慢慢發展；等到機會出現，就一定要大膽出擊。有了這種敢於冒險、勇於迎難而上的精神，女人才能夠創造奇蹟。

聰明的女人，總會在別人還沒來得及看清機遇的時候，就已經思慮周全，勇敢地挺身而出，從而順利取得令人羨慕的成功。懂得這些道理，也就意味著我們發現了超越他人、成就自己的機會。

Chapter 9.

親和力

——女人與生俱來的一種優勢

一個冷冰冰的總是拒人於千里之外的美人是不受歡迎的，親和力勝過一切的美貌！具有親和力的女人在與人談話時總是用友善的口吻，臉上也總是保持著微笑，這樣能有效消除人與人之間的隔膜，拉近彼此間的距離。在人際交往中，具有親和力的女人不俗不媚、寬容隨和、通情達理，無論何時何地都是廣受歡迎的。即便是批評，有了親和力，也會更容易讓人接受。

傑瑞絲是一家化妝品公司的主管，她最不能接受的事就是凱迪拉克轎車的推銷員開著福特轎車四處遊說，人壽保險公司的經理自己不參加保險。所以，她要求公司的所有職員都要用自己公司生產的化妝品。

有一次，她發現艾米莉正在使用另外一家公司生產的粉盒及唇膏，艾米莉嚇得趕緊收了起來。傑瑞絲走到艾米莉桌旁，微笑地說道：「老天爺，你在幹嘛？你不會是在公司裡使用別的公司的產品吧？」她的口氣輕鬆，臉上洋溢著微笑。艾米莉的臉微微地紅了，不敢吱聲，心想這下該挨批了，但是，傑瑞絲並沒有發火，什麼都沒說就走開了。

第二天，傑瑞絲送給艾米莉一套公司的化妝及護膚產品，並對她說：「如果在使用過程中覺得有什麼不適，歡迎你及時地告訴我。」

後來，公司所有的員工都有了一整套本公司生產的適合自己的化妝品和護膚品。傑瑞絲親自做了詳細的示範。她還告訴員工，以後員工購買公司的產品時可以打折。

傑瑞絲親和的態度，友善的口語表達，使她自然地與員工打成一片，成功地灌輸了她正確的經營理念。親和力易於消除人與人之間的隔膜，進而使傳達者有效地把自己的思想傳遞給被傳達者。

在與人的交談中，沒有什麼比充滿親和力的態度更重要了，如果把我們要說的話比作佳餚，那麼盛佳餚的餐具就是親和力。可以想像，如果這餐具髒兮兮的令人生厭，那麼誰還會在乎其中的佳餚味道如何呢？

親和力是女人與生俱來的一種優勢。親和力是什麼，就是放低自己的姿態，平等地與別人溝通交流，這是一種心與心的平等和互惠。所以，不管你身處什麼職位，手下有多少人，都不能失去親和力，如果失去，就會失去別人對你的支持和尊重。

Chapter 10. 懂得收斂

——千萬不要說替上司做決定的話

有一種女人因為能力好處處比別人強，就此自以為是，即便在上司面前也不懂得收斂。她會說：「由於季節的原因，我決定將咱們的那批貨降價促銷。」如果你是上司，聽了這話會有什麼感覺？

雖然我們不能否認一些女人在工作中的聰明才智，她們能力非凡，能獨當一面，但是她們說話的口氣和方式，卻犯了領導的大忌，他們或許能接受你的意見，而絕對不容許你替他做決定，你的越俎代庖，會讓他覺得你是自作聰明，對他不夠尊重。

聰明的女人懂得，對上司可以獻策，而非決策。

溫妮年輕富有活力、做事認真而靈活，進入企業不到兩年，就成為公司的骨幹，是部門裡最有希望晉升的員工。一天，公司經理把溫妮叫了過去：「你進入公司時間雖然不算長，但看起來經驗豐富，能力又強，公司開展一個新專案，就交給你負責吧！」

受到公司的重用，溫妮歡欣鼓舞。恰好這天她要帶幾個人到附近的城市出差，溫妮考慮到一行好幾個人，搭大巴不方便，人也受累，會影響談判效果。可計程車一輛卻坐不下，兩輛費用又太高。還是包一輛中巴好了，經濟又實惠。

溫妮在拿定了主意之後，卻沒有急於去實行，而是先去了一趟經理辦公室，她要把自己的決定彙報給上司，因為她覺得這是必要的。於是，溫妮來到經理辦公室。「老闆，您看，我們今天要出差，這是我做的工作計畫。」溫妮把幾種方案的利弊分析了一番，接著說：「我決定包一輛十二人座的中巴去！」彙報完畢，溫妮滿心歡喜地等著讚賞。

但是卻看到經理板著臉生硬地說：「是嗎？可是我認為這個方案不太好，你們還是搭大巴去吧！」溫妮愣住了，她萬萬沒想到，經理竟然不同意這樣一個合情合理的建議。事後溫妮大惑不解：「沒理由呀，只要有點腦子的人都能看出來我的方案是多麼的正確。」

其實，問題就出在「我決定包一輛……」這句自作主張的話上。在上級面前，說「我決定如何」是最犯忌諱的。

如果溫妮換一種方式說：「經理，現在我們有三個選擇，各有利弊。我個人認為包車比較可行，但我做不了主，您經驗豐富，是不是可以拜託您幫我做個決定？」

上司若聽到這樣的話，絕對會做個順水人情，百分之百答應你的請求，這樣才會兩全其美。

上司喜歡的是那些謙虛好學的下屬，而不是自以為是和自作主張的人，聰明的你要把你的想法以最佳的方式透露給他，從主動的提議變成被動的接受。忌急躁粗暴，多傾聽和徵詢老闆的意見和建議，少做一些不容辯駁的決定和爭論，即使你可能是對的。即使對待能力不強的上級，同樣要保持尊重，不擅自行動和做決定。這些如果你都做不到，就有可能遭受老闆的冷遇。

如果你是下屬，那麼即便你有天大的才能，也不能自作主張，替上司做決定。要知道他才是公司的決策者，你充其量只有提提建議的權力。

Part 3

撐起半邊天

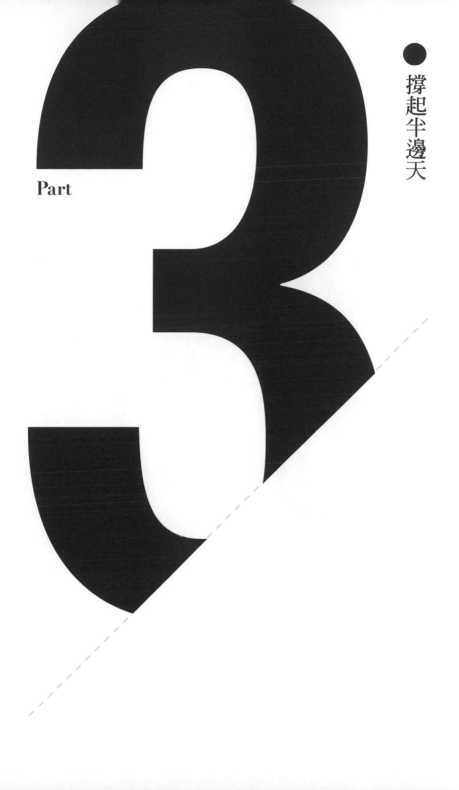

Chapter 1.

一家之主

——家庭主婦需要表現多少專業技術

世界上沒有其他的工作，會比創造一個家庭和維持一個家庭，以及養育這個家庭裡的孩子們更加值得尊敬，對個人和整個社會更加重要，更具有意義了。

一個女人把全部的時間和精力奉獻給她的家庭和家人，她是應該感到自豪的。她所扮演的角色，在一個星期之中所需要的各種才華，比一個女演員在一次職業表演季裡所需要的各種技藝要更多。

一個家庭主婦需要表現多少專業技術？她必須是洗衣婦、廚師、裁縫師、護士長、保姆、打雜專家、兼任司機、書記員，和記帳員、購物專家、公共關係專家、女主人、人事主管、顧問、牢騷發洩對象、總經理，和主管……簡直就是一個十項全能的運動員了。

當然這些還不夠，這位小女人還必須保持自己的吸引力和魅力——如果她想要在丈夫的心目中永遠保持閃爍光芒的話。

有人估計過，如果男人要請外人到家裡來做一個家庭主婦的工作，他每年就要花費大約一萬美元以上。

許多最著名的男士，也都是因為妻子的幫助才獲得成功的，這些妻子對於「一個家庭主婦」的生涯，都認為非常崇高而有意義。艾森豪總統就是一個例子。

《今日女性》雜誌刊登了前美國總統艾森豪的妻子瑪蜜・多特・艾森豪一篇名為《如果我現在又當了新娘》的文章。在這篇文章裡面，艾森豪夫人說出了她最崇高的信念——「生命帶給女人的最偉大生涯，就是做個好妻子。」

「洗小孩子的襪子和全家人的髒衣服，是一件很厭煩的事。一個家庭裡做不完的瑣事，有時候看起來就像是一些毫無重要性的、可有可無的小工作，尤其當你的丈夫帶回來許多重要消息，並且向你問道：『你今天做了什麼事呢，親愛的？』的時候，而你所能說的只是——『噢，我今天付了瓦斯費……』

「就是這些時刻，使你一定很想到外面找個工作，處在人群裡，同時賺些額外的收入。但是如果你不向那個誘惑屈服，你的生命將可以獲得更多的報償。如果你向誘惑屈服了，二十年後你將發現自己除了有一個職業以外，什麼東西也沒有，或是你會發覺，你的家庭一直是被你和你的丈夫所遺棄的，不知道如何去珍惜的。

「如果我現在才結婚，我還是願意像以前一樣做個家庭主婦。我將會努力去做，善用我丈夫微薄的薪水來料理家務，多結交一些朋友，每天早上都看著他吃完熱騰騰的早飯後才去上班，我要盡我最大的能力幫助他實現任何理想。

「家庭主婦是我的工作和我的樂趣。我得想盡辦法盡我所能，使艾克的家永遠保持平穩和安定，這是我感到最奇妙、最有價值、最繁忙而快樂的生活。」

作為一個家庭主婦的艾森豪夫人做得非常不錯，她已幫丈夫進入了這世界上最大的房子——白宮。

Chapter 2. 帶好孩子之外……

——好老婆與好母親的不同之處

戀愛中的男女經過一段時間的接觸與了解，結成夫妻，隨之愛情的碩果便降落下來。夫妻雙方此時即成為爸爸、媽媽。

孩子是愛情的結晶，有了孩子，確實給夫妻，給小家庭帶來歡樂和愉快的氣氛。同時也給夫妻帶來沉重的家庭負擔。老婆常常是圍繞在孩子身邊，往日那種對老公的纏綿自然而然地減少了。其實，這是家庭走向矛盾邊緣的因素之一。

究其原因，正是由於：妻子不善於處理老公和孩子之間的關係，導致了夫妻之間的不和諧，不協調，甚至還會因此產生矛盾和隔閡。於是，很多男人下班以後，寧願在居酒屋喝兩杯也不願意早早回家去。

處理好老公、老婆、孩子三者的關係是一門大學問。做為老公或老婆別以為三者都是自己的人，無先無後，無遠無近。如果老婆把心思和精力過多地傾注於孩子身上，忽視了關心老公，忽視了對方的位置和存在，那麼很容易導致家庭關係的不平衡，由此可能影響夫妻之間的感情，婚姻中許多狀況，都發生在孩子來臨之後……

在我們現實生活中，這種情形並非少見。有些當老婆的，關心孩子是無微不至，孩子的衣服買了一套又一套，不惜代價，裙子買了一條又一條，可卻從未像關心孩子那樣給老公買一件。孩子出現頭疼發燒，老婆會依偎身旁，督促吃藥，倒水，而老公生病，老婆反而會嘮叨幾句，什麼不注意天氣了，什麼不及時吃藥，等等。總之，在孩子與老公身上顯露的關心程度極為懸殊。

一般來說，如果你是個好老婆，也可能是個好母親。這兩者並沒有十分必然的聯繫。有了孩子以後，家務事就隨之增多了。如果你藉口帶孩子，把家務事全部推給你老公，甚至把孩子也推給你老公，這不僅不是一個好老婆的作為，連一個普通老婆的責任和義務都沒有盡到，這是很不應當的。

也許，你不但帶著孩子，而且還幹著相當多的家務。當孩子和家務忙得你焦頭爛額，心煩意躁時，你把這一肚子火會一股腦兒全發到你老公身上，這也不是一個好老婆的作為。時間長了，也會引起家庭中的矛盾。

有人把有了孩子以後的一段時期，稱為夫妻感情的危機期。在這一時期裡，如果不處理好因有了孩子而帶來的一系列問題，不僅做一個好老婆是不可能的，做一個好母親也很難辦到。

要做一個好母親，同時也要做一個好老婆。要做到這一點，你就應當在愛孩子同時，也用相當的愛去愛你的老公，使你、孩子和老公之間的愛形成一個和諧的愛的整體，使你老公覺得你對他的愛，對他的關心和體貼，並沒有因為有了孩子而有任何減少。至於因孩子而帶來的家務事，你應當盡你的能力去做，並且可以請求老公幫忙，有些女人老是以為這是自己的份內事，而開不了口，其實這是大錯特錯了！

男人的肩膀本來就是要讓女人依靠的，撒撒嬌要他幫忙，反而讓他覺得有擔當也滿足了他的榮譽感。

Chapter 3.

男人的健康

——老公生命為什麼會毀在你手裡

保證另一半的健康，是我們的職責——養成良好的飲食習慣，讓全家人健康是最根本的條件。大多數男人在年歲增加以後，身體活動都會減少，所以他們所需要的食物就更少了，但是，他們卻吃得更多。熱量低而能產生高能量的食物，就是最好的答案。如果你不知道這種說法，就去請教你的醫師。他會樂意地告訴你，要如何安排你老公的飲食，使他的體重下降，而且精神提高。如果需要的話，你應該早一點起床，至少也要使你老公吃一頓不慌不忙的營養早餐。

注意老公的體重，就像注意自己的體重那樣小心謹慎。拿一張體重和壽命的對照表，量一量你老公的體重，看看他有沒有超重百分之十。如果他超重了，請你的醫師替他開一張菜單。要盡你的能力把給老公吃的食物做得美味可口。不可以老是無可奈何地告訴他，這是為了他的身體好。只要確實做到，給老公的食物看起來吸引人，吃起來也很可口。

不要使老公操勞過度。野心過大可能會使他成功，但是這也容易使他無法活得很久來享受人生。所以，如果升級必須加上很大的壓力、緊張和過度操勞，你就應該下定決心影響他放棄升級。所以，你應該勸說你的老公少賺一些錢，如果賺大錢的代價是不幸或早死的話。如果你對自己鞭策得太嚴了，你應該鼓勵他滿足於稍低一層的成就。一個女人的態度，對於老公要求自我的多少，往往具有決定性的作用。

堅持要老公接受一年一次的健康檢查。預防仍然是治病的最好方法。許多死於心臟病、癌症、肺結核，和糖尿病的人，如果他們的病症能夠在早期被發現，就可以預防了。許多人很會照顧自己的汽車，但是不知道如何照顧自己的身體。這件事聽起來真可悲，但卻是真的。

要注意使老公獲得充分的休息。抵抗疲乏的祕密，就是要在疲倦以前就休息。短暫的放鬆心情，會有驚人的效果。如果你的老公每天回家吃午餐，在他回去工作以前，勸他躺下來休息10分鐘或15分鐘。也可以鼓勵他在晚餐以前小睡片刻，這可以使他的生命多活幾年。

最後，使老公在家中輕鬆快樂。一個嘮叨的、喜愛抱怨的老婆，對於男人的成功是一種障礙，因為她使老公太煩心了，以致沒辦法專心於自己的工作。

每個人在人生裡成功的主要意義，就是要有足夠的健康去享受人生。然而，不管我們當老婆的人喜歡或不喜歡，我們都應該對老公的身體健康負起責任——因為，老公的生命在你的手裡。

Chapter 4. 持家之道

——最棒的女人如何去理財

理財是生活中的一部分，因為我們一生幾乎都無法與金錢擺脫關係。「成由節儉、敗由奢。」理財的正確與否會決定我們的生活是否安寧與幸福，實際上持家之道就是理財之道。

女人如何去理財呢？

1．一定要節儉

大富由天，小富由儉。大富由天，從無到有，從零到巨富，那是由「天」的。這個天是天時、是機運、環境的支配，不是任何個人所能改變的。小富由人，大環境下由於人的謀劃可以出現小環境，大氣候下由於人的運籌可以同現小氣候。因此，不管天意如何，人意完全可以達到小富，而小富往往又是中富和大富的發展基礎。那麼我們可不能忽視或瞧不起這個小富了啊！

2．切勿浪費

浪費是對人力、財力、時間等用得不當，或沒有節制。

我們的衣食住行、日常生活，每時每刻無不與許多形形色色的物資打交道，有時候就因為一時頭腦發熱判斷失誤造成浪費。

你應警惕以下兩點由於頭腦發熱，而給你帶來的浪費——

第一是我們自身。由儉入奢易，從奢入儉難。一個人總有點慣性作用，我們不可能再吃苦。比方說：吃雜糧就稀飯的日子，轉入白麵大米，儘管有點暫時的不適應，畢竟是笑嘻嘻地慢慢就合拍了。白麵大米再轉入奶油麵包，接軌也不是很難的。反過來，就難了。你如果慣壞了自己，常常是無可救藥。

第二是子女。因為我們吃過苦，所以在美好的甜蜜日子裡尚能保持美德。可是，如果我們的子女從小在「可口可樂」中長大，從小耳濡目染你們作為父母的種種浪費行為，而父母又是子女最早的老師。一個不知什麼叫艱苦和節儉的孩子，即使你留給他萬貫家財，只怕仍舊是害了他。貧窮的墮落尚可用致富去拯救，富貴的墮落將無法挽回和醫治。

記住：浪費是最大的罪惡。

3．不要去守財

儲蓄是美德，可這種美德像其他美德一樣，過分就會適得其反。儲蓄的目的是使用，是備急時之用，是更合理地使用。如果把儲蓄看成只進不出，死守不變，那麼儲蓄做什麼呢？生不帶來死不帶去。

4．花錢不要太隨意

很多人在經濟困難、手頭拮据之時是多麼精明能幹啊！精打細算，每一分錢都用得實在，甚至一分錢都恨不得掰成兩半來使用。可是通過自己和先生艱苦奮鬥，終於打下一片世界創造了一番事業，手頭寬裕起來了，腰桿子壯起來了，說話氣也粗了。於是，辦事開始大大咧咧，不再精打細算，不再認真計畫，不再刻意尋求，不再絞盡腦汁了。

5．不要去攀比

女性的天生缺點：當只有她一人時，她便對鏡子唏噓顧影自憐。可是只要有兩個以上女人時，任何一個女性就想要超過甚至壓倒別的女性——特別是貌美的或是有錢人家的太太。

倘若她很美，且有錢，就經常處於這種女性對陣時勝利的一方。如果萬一出現了足以匹敵的對手，而且又明顯不能壓倒甚至還難以戰勝對方時，於是她便失去理智了——來一局比富競賽。

這種比富，這種無畏的爭鬥，白白選購了很多服裝和首飾，這都是不必要的開支。從理財的角度，是根本不必要的開支。

不是說不該添置服飾，不該購買首飾，而是在其中你們花了許多冤枉錢。盲目攀比在理財中，是一個非常值得重視的誤區，一旦落入，即很難自拔。

Chapter 5.

精明的打算

——怎樣才能節省娛樂開支而不減少快樂

如果你是個稱職而且精明的家長，就知道怎樣花最少的錢來讓孩子們得到最多的娛樂。例如，你可以從報上找到各種免費的慶祝活動，晚會和其他娛樂活動的資訊，然後帶孩子們去參加。關於怎樣才能節省娛樂開支而不減少快樂，下面還有更多的建議——

去近郊或附近的城市旅行。這樣的休閒方式可以讓你和家人或朋友一起度過一整天的快樂時光。當你到達目的地時，去當地的旅遊接待處取一份介紹當地特色的小冊子和當地的旅遊圖，並打聽一下有沒有免費的娛樂專案，然後選擇一些有趣的旅遊點和活動去遊玩和參加。

準備一次野餐。食物、食物籃、背包、紙盤子、紙杯、叉子等野餐要用的東西是必備的，另外還要準備一條大毯子或一條桌布用來鋪在地上。預先找好野餐的地點，或者在路上臨時找也行。

在自家花園種植蔬菜。這是孩子們非常願意參與的一項活動。孩子們喜歡觀察植物的生長，更樂意親自種植和管理。等到了收穫季節，你們還可以分享勞動成果。

邊散步邊聊天。這種休閒的方式對你、家人和朋友的身心都有好處。大家可以在邊走邊聊中相互溝通，同時也鍛鍊了身體。

允許孩子調皮。當孩子調皮或者搗亂時，他們的想像力和創造力得到了充分的鍛鍊。所以，要允許孩子隨意地玩鬧，因為他們可以從中得到快樂，而且對他們的成長很有好處。

帶孩子去圖書館。許多圖書館在節假日和寒假都為孩子免費開放，孩子們可以去那兒參加一些有益的活動。

去書店看看有哪些可以讓孩子免費參加的活動。像圖書館一樣，許多書店有時也會免費為孩子們舉辦一些活動，例如故事會、小讀者俱樂部或是新書發表會等等。

在網上搜索娛樂休閒項目。不管是室內活動、戶外活動，還是文學藝術方面的活動，以及有趣的學習課程，你都可以從網上查詢到。只需鍵入「家庭生活」、「家庭娛樂」、「家庭教育」之類的關鍵字，網路就會為你找到許多資訊供你選擇。

去公園遊玩，並自帶點心和飲料。去公園時，在外面或零售機裡買食品和飲料會讓你多花費不少錢，那為什麼不自己帶一些飲料和小食品去公園呢？你可以推一個嬰兒車，把飲料和小食品放在嬰兒車的儲物籃裡。當年齡較小的孩子玩累了，還可以在嬰兒車上睡上一覺呢！

Chapter 6.

如何提高效率

——防止上街購物浪費時間的簡潔方法

對於不喜歡的工作要簡潔處理，這樣，你就可以在喜歡的工作上花費較多心思。

利用腦筋和創造力使美國的家庭主婦發現許多奇妙的簡潔方法，像冷凍食品、包裝好的什錦菜，以及種類繁多的家庭用品。為什麼不利用這些東西的好處，使自己在最花費時間和精力的工作上，發揮出最大的能力，做個更好的妻子和母親？

任何一位丈夫都更期待在每天的晚上看到一位氣色良好、神采奕奕的妻子，而不願看到他的妻子花了好幾個鐘頭去煮飯和清洗，因而疲倦得使人對她提不起興趣，而她自己也毫無興致了。

許多忙碌的女人，在晚上洗晚餐盤子、碟子的時候，就順道擺好早餐的用具。這樣可以省下把碟子拿去收好，在隔天清晨再把它們拿出來的麻煩。也可以使早餐吃得更加從容舒適，不像是精神緊張的賽跑。

對一般女士來說，上街購物是最浪費時間的事。除非她知道有哪些「簡潔方法」。以下就有一些——

一、某些主要的日常用品可以量購取得優惠——例如：衛生紙、廚房紙巾、面紙、化妝紙、肥皂、洗手劑、牙膏、清潔劑和防臭劑，這些東西都可以使用網路訂購或到大賣場比價，大量購買使我們享受便宜價格和專程送到府上的好處，這就節省了時間和金錢了。

二、購買以前先做好計畫——例如，如果你知道自己需要一件冬天大衣，那麼在你走進商店以前，就要先想好顏色、質料、樣式，以及你負擔得起的價格。這樣，你就可以節省時間，還可以避免買下一件毫無用處的東西。

三、加入一家量販店會員——這種會員每個月或年節會收到各種DM，目錄裡記載著市面上所有的商品，從汽車零件到牙膏都一應俱全。以及有哪些特惠促銷活動等等。

四、養成記雜記的習慣——雜記是節省時間的最好方法，除非你具有超強的記憶力。無論你要安排一個宴會、上街購物、訂購用品，或是計畫年度的預算，你都應該養成習慣，把它寫在紙上。

Chapter 7. 時間的規劃

——為什麼在同樣時間裡，每人取得的成就不一樣

許多女人之所以缺乏自信，一個根本原因在於沒有計劃好怎麼利用自己的時間，也就是說，沒有正確地對待自己有限時間的觀念。她們不能有效地利用時間去爭取成功，把寶貴的時間浪費在一些沒必要的應酬、沒完沒了的化妝、無聊的談話上等，這樣的女人隨著歲月的蹉跎，必然越來越缺乏自信。

時間是最公平的，不論貧富貴賤，不論長幼老小，每人每天的時間都是一樣多，然而在同樣的時間裡，每人每天取得的成就卻不一樣。這就是成敗的原因——智慧的女人總是利用一切時間來創造機會，所以她的成功機會永遠比別人多；平庸的女人是將時間拿來把握機會，所以她只有一點點的成功機會；愚蠢的女人則是浪費時間來錯過機會，所以她永遠都沒有成功的機會。由於對時間觀念的認知不同，於是在相同的時間裡產生了不同的效率，不同的效率產生了不同的人生及命運。

有些女性或許有這樣的想法，家務、工作、教育孩子已讓自己焦頭爛額，根本就沒有閒暇來學習如何提升自己。其實，時間是有彈性的，完全看你如何利用。

你最好為你的每一天訂個計畫，否則你就只能被放在你桌上的東西，

去分配你的時間，也就是說，你完全由別人的行動決定你辦事的優先與輕重次序。這樣你將會發覺你犯了一個嚴重的錯誤——每天只是在應付各種應付不完的問題。

請記住，沒有任何東西比事前的計畫，能促使你把時間更好地集中運用到有效的活動上來。不要讓一天繁忙的工作把你的計畫時間表打亂。

做一張日程表，日程表不僅僅對於那些所謂的老闆有用，每個人都可以從中獲利。

在紙的一邊或在你的記事本上，列出某幾段特定時間要做的事情，如開會、約會等。在紙的另一邊列出你待做的事項——把你計劃要在一天完成的每一件事情都列出來。

然後再審視一番，排定優先順序。表上最重要的事項標上特別的記號。因此，你要排出一兩段特定的時間來辦理。如果時間允許的話，再按優先順序儘量做完其他工作。不要事無巨細地平均支配時間，同時你要留有足夠的時間來彈性處理突發事項，否則你將會因小失大完不成主要工作而洩氣。

在列出每天「待做事項」時，你一定要花一些時間來審閱你的「目標表」，看看你現在所做的事情是不是有利於你要達到主要的目標，以及是否與其一致。

在結束每一天工作的時候，你很可能沒有做完「待做事項」中所列出的事項，但是你不要因此而心煩。如果你已經按照優先次序完成了其中幾項主要的工作，那麼這正是時間管理所要求的。

我們每個人都需要自律，要繪製或填寫時間記事表。當你真正做到之後，保證你會發現一些令人驚喜的效果。

Chapter 8. 合理的安排

——星期一的早晨為什麼總是鬧烘烘的

星期一的早晨是全家最忙碌的時候，你家是否也一樣，每到那時就鬧烘烘的？解決這個問題的最好方法就是，讓家裡每個人在星期天晚上把星期一要帶的東西、要穿的衣服都準備好。

在孩子們選好了星期一的著裝後，還要教他們把這些衣服單獨掛在門後或搭在椅背上，這樣，星期一早晨起床後就可以直接穿上。你自己也是一樣，在週日晚上睡覺前把第二天要穿戴的衣服、首飾拿出來放在房間裡，以免把星期一早晨的寶貴時間花在翻箱倒櫃找東西上面。在挑選星期一的穿戴時，你還可以順便把暫時不穿的衣服收起來，這樣你的臥室也會顯得整齊一些。

一、星期天晚上收拾好書包和公事包——在星期天晚上，讓孩子們各自收拾好書包和要帶去學校的東西。你自己也應該收拾一下第二天上班時帶的公事包，和其他一些要帶出門的東西，例如，要還圖書館的書、要送去乾洗的衣服等，把這些東西放在大門邊上，以便出門時帶走。如果天氣預報說第二天有雨，那麼還要在門邊準備好雨具。

二、睡覺前為明天的早餐做些準備——例如，在咖啡壺裡裝上水和咖啡豆，第二天起床時只需按下按鈕就可以煮咖啡了；讓孩子幫忙，在餐桌上提前擺好第二天早餐時的餐具；事先準備好早餐吃的麵包，第二天只需加熱一下就可以吃了。

三、提前準備第二天的午餐——在週末採購時買好足夠吃一個星期的三明治，然後分別用保鮮袋裝好，放進冰箱冷藏。每天早晨，可以直接從冰箱裡取出當作午餐的三明治帶去上班，中午時，利用公司的微波爐加熱一下，你就有熱食可以吃了。

四、早晨起床後安排好事務——早晨起床後，一家人要儘量錯開使用洗手間的時間。用計時器定好時間，提醒早晨洗澡的人別洗得太久，去臥室吹乾頭髮和換衣服，讓出洗手間讓別人使用。早晨把鬧鐘定在出門前10分鐘鬧響，也是個很有效的辦法，如果你和家人習慣在晚上臨睡前洗澡就更好了。

Chapter 9. 家居生活
——用綠色植物點綴居室的說明書

作為家庭的女主人，如能擁有一套裝飾家居的技巧，則會使家居平添一些浪漫，也可展示你的生活品位，居室中每一個細微之處無不顯露出女主人匠心獨具的韻味。

女主人學會居室中用綠色植物去點綴，無疑會給你的家庭增添溫馨的感覺。利用透明玻璃杯，放些喜陰的綠色植物，整齊地擺放在廚房，會給廚房帶來一片活力與生機。

綠色代表著勃勃的生機，不但可以觀賞，點綴出一個生機盎然的家，同時還可以淨化室內的空氣，多擺幾盆綠色植物猶如把你帶進一個室外的小叢林，令人心曠神怡。

現在家庭裝修完畢，室內多多少少都會殘留一些有害的揮發性氣體，如能在室內多養一些花草則可吸收甲醛、苯等有害物質，但是綠色植物並非多多益善。

事實上，植物白天吸收二氧化碳，放出氧氣，夜晚則相反，因此室內的綠色植物不宜擺放過多。特別是臥室。何況，並非所有的綠色植物都環保。有些綠色植物非但不環保，反而要吸收氧氣或釋放有毒氣體；還有一些綠色植物會釋放令人不愉快的氣體或讓人皮膚過敏。如你對此不加注意，在沒有先了解其習性和功能的前提下隨意購買、隨意擺放，就會造成室內污染。（這方面在你購買植物時，也可以請教店裡的花藝專家）

在室內擺放綠色植物時，一定要弄清楚它們的生態習性，使其既能起到美化裝飾居室的作用，又有益於人體健康。一般來說，家庭不宜養的植物有以下幾類——

會產生異味的花卉——松柏類、玉丁香、接骨木等。松柏類分泌脂類物質，放出較濃的松脂味，聞久了，會引起噁心、食欲下降，尤其是對孕婦影響較大。玉丁香、接骨木等發出的異味會使人氣喘煩悶，影響人正常的呼吸。

耗氧性花草——如丁香、夜來香等，它們進行光合作用時，會大量消耗氧氣，影響人體健康。

使人產生過敏的花草——如五色梅、洋繡球等。含羞草、鬱金香等有微毒，而夾竹桃、秋水仙、花葉萬年青的汁液都具有毒性，經常會使人感到不適。

Chapter 10. 管理衣櫥

——如何為自己建立一個基本的職業衣櫥

衣櫥是堆放衣物的地方，也需要管理嗎？

答案是肯定的。管理衣櫥跟管理企業或家庭一樣，組織有序，不但可以讓你擁有一個整潔的衣櫥，方便選取衣服，還可以讓你的衣服變得物超所值，為你節省更多的時間與金錢，帶給你愉快的心情，更可以鍛鍊你的管埋和判斷分析能力，使生活變得更有節奏，更有秩序。

衣櫥管理大致分為衣櫥分析、衣櫥計畫、重建衣櫥三個部分。

衣櫥分析即是對自己的生活、工作、社交等狀況進行分析，然後統計出所需各類服飾的大致比例。

衣櫥計畫就是你順利地建立起衣櫥秩序的實施步驟。一個好的計畫包括：你想做什麼？為什麼這樣做？有哪些具體的措施？

應重點為自己建立一個基本的職業衣櫥。

可以從兩個中性色和一兩個重點色開始。中性色是最容易搭配的顏色，如白色、米色、灰色、藍色、駝色等，這些是服裝單品中的基礎。一般先選擇投資外套、裙子，以及比較正式的寬腿褲子。套裝最好選三件式的，能自由組合，款式一定要比較經典，一是方便搭配，二是這種東西不會很快過時或退流行。

以中性色單品為基礎，再添加襯衫、毛衣或上衣、洋裝、大衣、鞋子及其他配飾。襯衫中一定要有一兩件經典的長袖白襯衫；毛衣中最好有兩三件單色或開襟毛衣來搭配套裝；洋裝中要有一件是簡單的黑色，可以幫你應付很多場合；大衣可選兩件，一件防水風衣，一件軟呢長大衣。

最後再為自己準備一些額外的單品，如牛仔褲、T恤、運動衫、時髦裙子、流行的褲子、蕾絲襯衫、緞質上衣、流行夾克、披肩等等。

不要怕麻煩，萬事開頭難，只要你開始行動了，衣櫥管理就會變得越來越輕鬆，越來越有秩序。

Part 4

愛是一門功課

Chapter 1.

最好的愛

——一對夫妻在離婚前夜的真情告白

一個女人忍受不了丈夫的沉默寡言，於是有了外遇。當她把實話告訴丈夫，並提出離婚時，丈夫並沒有責怪她，但就是堅決不同意離婚。

她便整天吵吵鬧鬧，無奈之下，丈夫只好答應離婚的要求。不過，他有一個要求，在離婚前，他想見見她的男朋友。她猶豫了一下，但還是同意了。

第二天，一個高大英俊的中年人來到了他們家。她本以為丈夫會氣勢洶洶地討伐這個即將「搶」走自己妻子的男人。可是，丈夫卻很有風度地與男人握了握手。

丈夫說他很想和她的男朋友交談一下，希望她能迴避一會兒。她遵從了丈夫的建議，站在門外，可是，她的心裡很亂，擔心這兩個男人會打起來。可是，丈夫的行為又一次出乎她的意料，幾分鐘後，兩個男人相安無事地走了出來。她徹底鬆了一口氣。然後，她送那個男人出門。

她好奇地問：「他與你談了些什麼？是不是說我的壞話了？」

男人止住了腳步，很惋惜地搖了搖頭，「你太不了解你的丈夫了。」

「我怎麼不了解他了，他木訥，缺乏情趣，簡直不像個男人……」

男人看著她，很冷靜地打斷了她的話：「你既然這麼了解他，那你應該知道他跟我說了些什麼。」

她還是猜不到丈夫到底說了些什麼。男人搖了搖頭，對她說：「他說你心臟不好，但易暴易怒，叮囑我，結婚後凡事順著你；他說你胃不好，但又喜歡吃辣椒，叮囑我，今後勸你少吃一點辣椒；他說你夜裡睡覺不老實，總愛將被子踢到一旁，叮囑我，以後夜裡記得給你蓋被子……」

「就這些？」她有點驚訝。

「就這些。」男人很肯定地向她點了點頭。

她慢慢地低下了頭。男人走上前，語重心長地說：「你丈夫是個好男人，他比我心胸開闊。回去吧，他才是真正值得你依戀的人，他比我更懂得如何愛你。」說完，便轉身離去了。

最好的愛也許就在最平淡的生活中，沒有轟轟烈烈，沒有柔情蜜意，但真真切切的關心與愛，卻滲透到生活中的每一個角落裡。一句平實的關切之語，一個默默的奉獻動作，都是愛的表現。也許你早已習慣不曾發覺，最好的愛一直陪伴在你身邊。

Chapter 2.

怎樣表達愛情

——夫妻之間什麼該說什麼不該說

愛情和婚姻，要求男女雙方要完全坦白並相互忠誠。對所愛的人毫無保留是信任的標誌，而你如果有一些特定的想法或感受，那麼，為了減輕你愛人的負擔，你就該知道什麼該說、什麼不該說。

反過來試想一下，你的腿較短，所以常在老公的面前說：「你一定希望我身高腿長。」此時，老公肯定知道身體矮小是天生的，無法補救，而用將事實修飾一番的辦法來滿足你的願望，就會使你得到心理上的滿足，也許男人可以諂媚一些，說道：「如果我想要高個子，腿長的姑娘，我早就和那樣的女人結婚了，而實際上並非如此——我喜歡腿短的，這樣你才跑不掉，能讓我愛上一輩子！」

日常生活中，老公吃飯的時候總是像搶一樣，一邊嚼一邊說話，這使你感到十分窘迫。你應該告訴老公你對他的吃相意見，可是重要的是你如何及何時告訴老公。切忌在第三者面前說，也不要在他心情不好的時候，或在兩人吵架的時候說。

某鰥夫曾向某離婚的女子求婚，在情意纏綣之時，她悄聲地說：「你像愛你前妻那樣愛我嗎？」他回答說：「不，不太一樣。」其實此時鰥夫應回答說：「我對前妻的愛和對你的愛是不同的，不能相比。」這種情況下，坦然說出心裡話，會讓對方認為你是有情有義的人。

老公患了不治之症——癌症，可能在一年內死去。老婆為失去他的生活前景極感頹喪，覺得把這些情感藏在心裡很痛苦。此時，如果她將心中全部苦痛告訴老公就會增加他的負擔，但是，她如果沒有表示關切感或悲傷，老公又認為她失去他並不在意。為了讓老公在短暫的時間裡盡可能快活，老婆應有選擇地把內心話告訴老公，「既然有些事我們無法選擇，可是我們仍然有權利選擇讓我們快快樂樂的度過每一天相處的時光！」這樣既沒有給老公造成思想上的壓力，同時給予了老公一定的安慰。這才是最好的處理方法。

所以，講真話、誠實固然是你應遵守的格言，但講實話和表誠實的時間及表達的方式，需要好好掌握——怎樣才能用最完美的方式表達你的愛，是值得我們探索的問題。

Chapter 3.

夫妻爭吵

——夫妻之間為什麼會出現裂痕

一些夫婦在公共場合相互抨擊、指責，非常可怕。他人親耳聽到這種相互揭短的話，肯定也會覺得不是滋味。

夫妻之間的爭吵內容是多種的，沒有人了解你們的事情，即使到公共場合去擺明你們之間的事情，求得大家的幫助，也只能是事與願違。

社會是一個大家庭，夫妻是生活在大家庭中的小小一員，你們之間的矛盾只有靠你們自己才能解決。公共場合是一個文明的地方，可以想像出，你們的爭吵會給這種優美的環境，給周圍的人帶來什麼影響。在公共場合爭吵，恰恰說明你們在家裡還沒有學會理智地處理現實生活中存在的芥蒂。

新婚伊始，夫妻雙方都應緊緊盯住對方的雙眸，莊嚴地宣誓——

「無論在白天，還是黑夜，我都不會做有損於你的事。無論在我的家人，還是你的家人面前；無論在孩子，還是在朋友面前，在熟人，在陌生人面前；無論在你的眼前，還是在你的背後，我都對你忠誠，永遠不會貶低或以其他方式損壞你的形象。」

當夫妻發生爭吵，按捺不住自己的怨氣時，如果想到這些誓言，便會使你怨氣消融。尤其在公共場合，你的理智應該戰勝邪念，切忌發脾氣，傷害對方。要學會寬容、忍讓。

每個人都有一個愛面子心理，夫妻之間也要給面子，不要損害對方。夫妻之間沒有絕對的輸贏——當夫妻之間面臨衝突和矛盾時，一定要以正面的方式來解決，千萬要避免破壞性的爭吵，特別是在別人面前的爭吵與頂撞。

在公共場合爭吵，不僅不能解決矛盾，相反會在各自的心裡萌發新的陰影，使互相尊重的心理遭到破壞，同時，人們投給你們鄙視的目光也會使你們很難堪。愛情專家說，在公共場合傷對方的心最難以癒合，它帶給對方的傷害很重，很難消退。

夫妻之間出現裂痕，往往是日積月累的結果。出現這種情況的原因在於夫妻之間缺乏互相通融，溝通，彼此之間互不掩飾對對方的不滿，不分時間、場合就直接宣洩自己的憤懣。

舉案齊眉，相敬如賓。這是恩愛夫妻互相尊重的真實寫照。在難免發生矛盾的婚姻生活中，應該努力尋找各自的解決辦法。在公共場合，更應按捺住自己的火氣，大大的事先回家再說。

Chapter 4.

愛情公敵

——造成夫妻猜疑的原因

猜疑會使夫妻之間經常處於懷疑對方的緊張、戒備狀態，防範猶恐不及，哪裡還有心思去了解對方，去創造幸福的家庭呢？在夫妻關係中，當一方對另一方產生猜測懷疑時，家庭不幸的種子就開始孕育了。

從心理學上分析，猜疑是一種相當複雜的精神現象，它的產生有著多方面的原因。

一、褊狹的「佔有欲」往往是猜疑的出發點。

「心私則生疑」，從愛情本身來說，無疑是具有排他性的。但這並不等於說愛人就是自己的附屬品，可以由自己任意擺佈和發號施令。很多人認為結婚就意味著對愛人的佔有，因而不允許對方與異性接觸。這種想法，實際上是私有觀念在愛情和家庭生活中的延伸。以佔有為目的的愛情是經不起考驗的。渴望佔有，就怕失掉；患得患失，就會疑神疑鬼，無端猜疑。

二、誤會，也是造成猜疑的重要原因。

社會上的事千變萬化，錯綜複雜。在夫妻漫長的共同生活道路上，即使雙方感情深厚，也難免有時會產生誤解。

三、輕信流言，是造成猜疑的另一個原因。

在現實生活中，許多愛情悲劇的出現，就是由於輕信流言而造成的。人在猜疑的時候，就很難再引起強烈的興奮，相反的會納入另一種思維的軌道，以至越看越像，越想越真。所以，倘若夫妻間產生了猜疑，首先應使自己冷靜下來。

一個人越冷靜，正常思維恢復的可能性就越大，猜疑心理也就可以較快消失。當自己冷靜下來以後，仍然無法消除心裡的疑慮，那就應當坦率地與愛人交換意見。

Chapter 5.

必要的和解

——我們為什麼不能離婚

沒有一個人結婚是為了離婚的。婚姻美滿、家庭幸福是人們共同的理想。提高婚姻品質和家庭生活情趣，不僅是個人感情生活的需要，也是社會安定的需要。

婚姻關係的破裂，不但會給夫妻雙方帶來許多麻煩，還會對子女的撫養、教育留下難以彌補的不良後果，進而造成一系列的社會問題。所以，在離婚問題上不只是個人問題，應該抱持謹慎的態度。

現實生活中有些不幸的家庭只有通過離婚，解除婚姻關係，才能得到拯救。例如，有些夫妻雙方感情的確破裂，無法挽回了，將就維持只能加深雙方的痛苦，給子女及其他家庭成員，帶來的絕不會是幸福。因此，離婚對於這樣的家庭來說，它意味著不幸的結束。婚姻明明已經死亡，卻還要維持形式上的婚姻，這也不是現實的態度。

不過，還是要慎重地對待離婚。人在「氣頭」上時，往往容易說出絕情的話，經常有這樣的夫妻，大吵一場後，就雙雙賭氣鬧離婚，經過調解，才又和睦如初。

有的夫妻，平時吵鬧不休，嚷嚷著再也無法共同生活下去了，但真要他們講出「分手」的原因，又都只是些小事情。

還有些夫妻，彼此間雖然有些隔閡，但也不是非得以離婚解決不可，多存罅隙，各自看對方的缺點、壞處多，想對方的優點、好處少。

即使是感情破裂的夫妻，也並不是說只能向解體的方向發展。人的感情既然可以由好變壞，那為什麼不能由壞變好呢？應該看到，解體一個家庭不太難；重新組織一個家庭，尤其是重組一個幸福的家庭，卻談何容易！家庭的分裂，不但會給當事人留下不良的後果，還會給其他家人孩子造成心靈上的傷害。

既然如此，我們為什麼不再做一次和解的努力呢？生活中破鏡重圓的事例，並非少見，問題是雙方需要在完全坦誠溝通之後取得共識，這個家就能繼續經營下去了。

「喜新厭舊」是把自己的幸福建立在別人的痛苦之上，影響他人，腐蝕風尚。由此孕育的原有婚姻的解體和新的婚姻的建立，也就決然沒有絲毫的道德可言。

我們反對輕率的離婚，但也不主張對離婚一概排斥。婚姻既然是人生大事，我們在對待離婚問題的態度上，還是那句話——一定要慎重。

Chapter 6. 適度欣賞對方

——什麼辦法可以讓愛情長久不衰

在戀愛期間，男女雙方的心理期待難免有些浪漫色彩：女方希望自己的情侶是完美無瑕的「白馬王子」，男方希望自己的戀人是美麗絕倫的「白雪公主」。婚後，雙方的心理期待則現實多了，家裡週而復始的家務勞動，代替了花前月下的竊竊私語。由「浪漫」到「現實」所造成的反差，往往會使夫妻關係出現不和諧的「變奏」。

愛情長久不衰的祕密在於互相欣賞。夫妻間想要始終保持如膠似漆的愛情，就要學會善於發現和欣賞對方的長處，要善於肯定對方的成績。任何人都不會排斥真誠欣賞自己的人，你以驚喜的目光欣賞對方，對方也一定會以誠摯的表達給予回報。

對於老婆來說，對老公的適度欣賞，也會起到促進夫妻關係的作用。

比如，有一個假日，老公在廚房裡炒菜，忙得滿頭大汗。這對不常下廚房的老公來說，實屬難得。這時候，如果你是一位細心的老婆，就會用涼水洗過的毛巾為老公擦去臉上的汗水，嘴裡可能還故做嗔怪地說：「誰讓你做飯了？大熱的天，累壞了吧？還是讓我來吧！」飯菜端上來了，儘管口味一般，但是看著老公那企求得到誇獎的眼神，你連聲稱讚：「味道不錯！你還真有一手。」聽了這話，老公會獲得一種心理上的滿足，體驗到家庭的幸福。同時，由於這種充滿關愛、理解、讚許的言行，也會使家務活提升到精神交流的層次。

每個人都有渴望得到別人欣賞的心理需求。得到別人的欣賞，是一種精神上的撫慰，它會讓人產生美妙的感覺。夫妻感情需要培植，而互相欣賞則是關鍵。因此，處理夫妻關係最忌諱忽視對方的積極表現。如果喜歡對方的某些行為，那麼一定要抓住機會，加以欣賞。欣賞的前提是發現，夫妻間最有價值的欣賞是別人沒有覺察到的長處和細微的進步，因為這才是知己者的欣賞。

互相欣賞的反面是互相挑剔，是吹毛求疵。有些夫妻關係緊張，一個重要原因就是他們只知道挑剔而不知道欣賞。有些人談戀愛時看到對方的都是優點，可是一旦結婚，看到對方的卻都是缺點。這種眼光的轉變，實在是婚姻走向悲劇的開端。

夫妻之間的相互欣賞，是夫妻共同生活中的一項內容，也是夫妻之間交流情感的一個重要方面。不要以為夫妻之間互相欣賞的話語是「閒話」，是「廢話」，是虛偽的。要知道，從夫妻心理交流來說，看上去是閒話和廢話的交流語言，正是夫妻心理狀態、心理傾向的最無功利、最純粹的自然流露。

有的夫妻平時不注意互相欣賞，覺得結婚日久，已沒有必要和興趣去特別留意對方，這樣，久而久之，雙方就感到陌生了，疏遠了，彼此都覺得和自己生活在一起的愛人，彷彿是一個不曾相識的陌路人，婚姻生活越來越索然無味，所謂夫妻不過是暫時投宿的客棧罷了！

Chapter 7.

使男人進步

——女人怎樣使男人成為他理想中的樣子

使男人進步的方法，並不是要求他，而是要鼓勵他。

我們應該怎樣鼓勵一個男人，使他成為他理想中的樣子？要給他嘉勉和讚賞，要找出他能夠施展出來的才華。

湯姆・強斯頓是個年輕的第二次世界大戰退伍軍人。湯姆・強斯頓在戰爭中受了傷，他的一條腿有點殘疾，而且疤痕累累。幸運的是，他仍然能夠享受他最喜歡的運動——游泳。

在他出院以後不久，有個星期天，他和太太在漢景頓海灘度假。做過簡單的衝浪運動以後，強斯頓先生在沙灘上享受日光浴。不久他發現大家都在注視著他。從前他沒有在意過自己滿是傷痕的腿，但是現在他知道這條腿實在太引人注目了。

第二個星期天，他的老婆提議再到海灘去度假。但是湯姆拒絕了——他說不想去海灘而寧願留在家裡。他太太的想法卻不一樣。

「我知道你為什麼不想去海邊，湯姆，」她說：「你開始對你腿上的疤痕產生錯覺了。」

「我承認你說的話，」強斯頓先生說。

接著，他的太太說了一些讓他心裡充滿喜悅的話。她說：「湯姆，你腿上的那些疤痕是你的勇氣的勳章，你光榮地贏得了這些疤痕。不要想辦法把它們隱藏起來，你要記得你是怎樣得到它們的，而且要驕傲地帶著它們。現在走吧——我們一起去游泳。」

湯姆去了，他的太太已經除掉了他心中的陰影，給了他配戴一枚光榮勳章。

真誠的讚美和激勵，真是值得嘗試的、能使男人發揮出最大能力的有效方法。告訴老公，你真棒！一個女人一句毫不在意的讚美和鼓勵，會改變一個男人對自己和世界的認知，他總能向著老婆期待的那樣發展下去。

Chapter 8. 成功的意義

——《時代週刊》關於官員自殺與野心的報導

幫助一個男人了解他自己的能力，以及硬要推動他去做超出能力的事，這兩種態度之間，存在著一種微細的界限。要確定一個男人的能力限度，不可以硬要他去做超出能力的事，這就要靠女人獨自來完成了。

成功的意義，是指我們把適合於自己心理、體力和個性的工作，完美無缺地完成了。

大自然創造了人類，並不希望每個人都成為將軍或是董事長。但是我們給予擁有大頭銜的人的名聲未免太誇大，那些滿足於最高職位以外的工作的人，通常都會被認為太不知長進。他的妻子感覺到這種無言的壓力，就會開始刺激他。從社會和經濟的觀點來看，他不只必須趕上別人的地位和收入，並且還要像瘋子那樣趕著超過他們。

過於逼迫一個男人，不僅會迫使他放棄喜愛的工作，遷就不喜愛的工作，有時候還會促使他離開已經很合適的工作，硬要往上升。放棄一份有資格接任的高職位，是需要勇氣的；然而升級有時候也會帶來不幸。

太大的野心，甚至可能造成更嚴重的後果。在一期《時代週刊》裡名為「美國官員的自殺和他的野心」有關的一則報導中提到，一位41歲的國務院官員上吊自殺了，原因如警方所說的，由於「野心受到了挫折。」負責調查的警官說，這位不幸的自殺者的最大野心是做個外交官。但是他在國外服務考試中已經失敗兩次，或者可能是三次了。

所以，一定要滿足於我們能力範圍以內的工作，不要害了我們自己或我們的丈夫。不要費盡心力去求取超出我們的能力的成就。

很多女人要自己的丈夫永無休止地努力，以爭取比她們的鄰居更多的錢、更好的名聲，和更高的生活水準。

這種女人天生就是追求名利的人，或是因為受到薰陶才得到了這種特性。我曾經看過這種人，破壞了許多家庭的幸福。

因此，讓我們允許我們的丈夫去發揮他那天賦的自我吧！不要設法強迫他進入我們所預見的、屬於「成功」的觀念模式裡。

就像一個作家不可能寫好各種小說，一個政治家不可能將每一個政見都徹底執行，一個旅遊家不可能走遍世界各地一樣。

如果你希望你的丈夫獲得最高的成就，你就該鼓勵他、愛他、刺激他，和他一起工作。但是一定要當心，別迫使他做超出自己能力的工作。

Chapter 9.

性愛功課

——性不僅存在於兩腿之間還存在於兩耳之間

傑克洗完澡就再也不想動彈了，他爬上床，頭一挨枕頭就打起了呼嚕。這一刻他終於可以卸下職業經理人的盔甲，將會議和訂單暫時拋諸腦後，從白天繁重的工作中擺脫出來。然而等待他的還有另一項戰鬥——妻子露絲輕輕從身後抱住他，憑藉背部的觸感，他知道她特意穿了那件性感的蕾絲睡衣。雖然毫無興致，但不願妻子失望的傑克，仍舊強打精神應付，完成夫妻功課。

例行公事，激情不再，這是多數夫妻的普遍感覺。然而，有多少對夫妻的性生活只是匆匆了事走過場，就有多少個家庭悄悄埋下了情感疏離的種子。

和大多數中年男人一樣，傑克早已過了對性狂熱的年紀，36歲的他正處於事業的上升期，工作壓力非常之大。他並非不愛自己的妻子，但無奈工作佔據了他絕大部分精力；他也並非對性沒有需求，只不過絕大多數夜晚他更想好好休息。

女人在35～45歲的時候性需求特別強烈。露絲幾乎夜夜都想和丈夫做愛。但她能明顯感覺到丈夫的敷衍和冷淡。令她傷心的是，每週那兩次「爭取來的」性生活品質，還是令她十分沮喪。

很明顯，這對夫妻的性生活出了問題。他們消極的身心交流使彼此都不滿意。客觀上存在需求差異，主觀上兩人從不溝通和改善，導致他們在婚姻中築起藩籬。

其實，每一對夫妻都不妨試著給性生活打打分：如果只夠及格，那你們要學的東西還有很多；如果只有一個人打了高分，那另一方肯定是壓抑了不少負面情緒。性是與生命同在的聖火，沒有性的婚姻堪稱囚籠，糟糕的性愛是侵蝕婚姻的堤壩。

性不僅存在於兩腿之間，也存在於兩耳之間。性不僅可以做，還要「說」，在性愛中掌握溝通和實踐的技巧，是所有夫妻一生都要不斷學習的課程。

因此，露絲夫婦的問題並不是簡單的性愛頻率。「一週兩次」或「一天一次」並不是關鍵，關鍵在於他們並不了解對方和自己的差異性，以自己的思維去和對方相處。更嚴重的是他們不約而同地，選擇了壓抑自我的真實感受，並偽裝出另外一副面孔。

Chapter 10. 創造奇蹟

——關於美妙非凡的性愛體驗的經驗

和你一樣，他的激情需要點燃。

誰都知道女人「進入狀態」會比較慢，所以有關的文章總在喋喋不休地教育男人要如何的溫柔和有耐心。其實在這個日益忙碌的世界裡，男人承受著比女人更大的壓力和困擾。他們同樣需要時間來休息和放鬆，才會有心情享受快樂的性生活。

首先，你和他都需要絕對的放鬆，然後再找到一種令人興奮起來的東西。一杯葡萄酒（只需一杯），一個暗示，或是一些溫柔的枕邊語，將使你的丈夫拋開外界的一切，完完全全投入到你們的兩人世界中。

一、**你主動，他會更喜歡**——有關性愛的詞典中最糟糕的句子就是「我要做愛！」其實，對於這件兩個人共同享受樂趣的事來說，這句話僅僅表明了他的權利義務，比較恰當的說法應該是——「親愛的，我們一起做愛吧！」

二、**還是與壓力有關**——不管你是否承認，男人有時要為生活操更多的心——銀行利率越來越低，存款還有意義嗎？股市變幻莫測，究竟該選哪檔股票呢？如果在床上還考慮這些問題，就太不合時宜了。

三、**被打斷沒關係，從頭再來**——美妙非凡的性愛體驗就在於那長時間地、慢慢地達到高潮的過程。但是有時也會遇到打擾而不得不暫停下來——也許電話鈴聲在不該響的時候響了起來，聽完電話你可能不得不更換保險套或添加潤滑劑。

如果你們被突然打斷，那就別指望在剛才的狀態下繼續進行，他需要時間再次進入狀態，比較好的選擇是：蓋好被子，從第一步的燃情階段重新開始，然後慢慢地回到你們剛才的狀態。

四、用他的目光來創造奇蹟——你知道他最喜歡你身體的哪個部分嗎？對於男人來說，視覺上的刺激往往會使他的興奮程度，得到意想不到的提高，這會使他的身體發生變化，表現出強烈的性衝動，所以，如果你回答不出前面那個問題，那麼應該學會問他，請他告訴你他真正的喜好。

如果他對你身體的某個部位特別專注的話，那為什麼不把它展示給他呢？擺一個姿勢，或者穿上他喜歡的、能使你更為性感的睡衣。也有可能他對這些沒有什麼反應，那麼他就一定是喝醉了。

Chapter 11.

性格協調的步驟

——為什麼對方不能接受你

夫妻在心理性格上雖然不盡相同，但只要協調得好，雙方都會適應對方的個性風格。夫妻心理性格在協調時應注意下面的一些原則——

一、互補——兩種相反心理性格的人結為夫妻，通過互補作用，能夠加深相互了解，進而達到情篤意深的境地。

二、互同——夫妻之間性情的融洽，個性的契合，這也是不可缺少的重要條件之一。雙方個性、情趣、習慣、生活等都能和諧相契，使婚後生活能融洽愉快，相得益彰，進而求得鞏固，這才有長期幸福可言。

三、互知——夫妻在結婚前，最好先了解自己和對方的心理性格。如果雙方都能了解對方在什麼情況下會表現不良的情緒，兩人就可以儘量地避免衝突。

四、互吸——夫妻性格要互相有吸引力。不是每一對個性相同的夫妻都會有吸引力，也不是每一對個性相反的夫妻都會有吸引力。例如，妻子內向，喜歡獨處，而丈夫外向，喜歡交際，這樣妻子會厭惡丈夫「這種賤骨頭」。夫妻相互有吸引力的關鍵在於互相適應，互相理解和互相幫助。

五、互愛——愛是開啟情感的鑰匙，是人類最尊貴的感受。從心理學的觀點來看，一個人對愛的認識是極其重要的。當我們感覺愛人或被愛時，我們會在生理上顯現異狀——愛是溫熱的情緒，正如憤怒是炎熱的情緒。在發現愛之前，我們經常經歷憤怒、恐懼、痛苦，然而，當我們愛人或被愛時，這些全部都消失不見了。

愛的形式主要表現在情愛、友愛、性愛、關愛、自愛等方面。情愛是一種無條件的愛或關懷。作為一對平等的愛侶，友愛乃基於彼此共賞才能，共用價值的關係上。性愛是一種浪漫愛，會有探究（對對方尋根究柢）、嫉妒、佔有、性欲種種成分。關愛是一種仁慈、利他的愛。在這種愛中，一方關懷他方最深處的價值，把對方視為「獨一」的個體。自愛指一個人有能力接受（接受也包括了解）自己的優點和缺點。

值得注意的是，由於心理生理疾病等因素的影響，有些夫妻會出現不良性格。例如，一個一貫溫和柔順的中年女士，突然一反常態，變得急躁、易怒、固執，並伴有失眠、頭昏等症狀，這就是腦動脈硬化初期症狀。一個活潑、樂觀的青年女子，突然變得情緒低落、孤僻、少言寡語、思維遲鈍，就表明她可能罹患了抑鬱症。一般來說，凡屬性格不良的夫妻，不容易協調得好，他們的當務之急是治療心理生理的疾病。

不良性格有以下幾種表現：

1・過分猜疑、嫉妒、人際關係緊張。

2・狂躁與憂鬱。

3・過分自卑或自傲。

4・心胸狹隘偏執。

5・害羞、怯懦、有恐懼感。

6・神經衰弱，整天無精打采，煩躁不安。

7・歇斯底里，哭笑無常。

如果對方性格中的缺陷很明顯，比如自私、懶惰、兇狠等，就不是遷就和互補的問題了，而要耐心地給予幫助。只要動之以情，明之以理，曉之以利害，對方還是可以接受，並不斷改正的。

Chapter 12.

經營好婚姻

——全世界幸福家庭不缺少的七樣東西

把家庭放在重要位置的女人，首先要經營好婚姻。婚姻是一個人生活中不可缺失的一部分，經營好了，會帶給男人莫大的支持，帶給女人莫大的幸福；經營得不好，會使你心力交瘁，疲憊不堪。

大部分幸福的家庭中，通常都具備了以下這些條件：

1．童心

只有童心未泯，青春才會永駐，愛情才可歷久彌新。所以，夫妻間相處儘量不要耍心機，保留一點赤子之心，讓自己天真、單純，多擁有一點興趣、好奇心，你就會多一些快樂，少一些煩惱。

2．浪漫

不要以為浪漫無邊就是獻花、跳舞，不要以沒有時間、沒有錢做藉口來拒絕浪漫。其實，浪漫的形式是豐富多彩、多種多樣的，只要你去嘗試，就會給彼此帶來一些新鮮感與激情。

3．幽默

幽默的話語是最有效的溝通手段，既能化解、緩衝矛盾和糾紛，消除尷尬和隔閡，也可以增加情趣與情感，讓夫妻間其樂融融。

4．親昵

許多夫妻認為，經常親昵或者當眾親昵是輕浮的表現。專家研究發現，親昵對提高家庭生活品質有著妙不可言的作用，而長期缺少擁抱、親吻的人，即容易產生「肌膚饑餓」，進而產生情感饑餓。所以只好往外打野食，最終演變到有了婚外情。

5．情話

心理學家認為，配偶之間每天至少得向對方說三句以上充滿感情的情話，如「我愛你」、「我喜歡你的……」。然而，不少人太過含蓄，很少把愛掛在嘴邊，以為這樣是淺薄、令人肉麻。他們更希望配偶把愛體現在細緻、體貼的關心上。這固然沒錯，但是如果只有行動，沒有情話，那會不會產生「只有主菜，沒有佐料」的缺陷感呢？

6．溝通

如果夫妻之間把意見、不快長期壓抑在內心裡，不溝通，時間久了，就會相互閉鎖，只能導致誤會加深。

長期壓抑內心不滿，蓄積惡性能量，一旦爆發，破壞性更大。因此，夫妻之間應經常保持溝通，平時有意見不同或不快時，就應該立即誠懇、溫和地說出來，並主動去了解對方的想法。

7．欣賞

人們經常用欣賞的眼光看著自己的孩子，所以總覺得「孩子是自己的最好」；又經常用挑剔的眼光看配偶，所以總認為老婆是別人的好，老公是別人的棒！

用不同的眼光去評價同一件事，結論就會大相徑庭。如果你不假思索就能數出配偶的許多缺點，那麼你多半缺少欣賞的眼光。如果你當面、背後都只說配偶的優點，那麼，你就等於學會了愛，並能收穫到愛。

Part 5

安心自在的心境

Chapter 1.

學會珍惜

——當男人愛你時你要去做的一些事

學會珍惜，生活中的一切都不是理所當然該給我們的。在你一生中，遇見一個懂得用心愛你，或是遇見一個值得你用心去愛的人，是一件很幸福的事情。也許，你認為自己所擁有的往往不是最好的，因而也不懂得珍惜，可在失去之後，你將追悔莫及。

女人要懂得珍惜，善待自己，不要為愛輕易掉眼淚。

當他不在你身邊時，你要照顧好自己，不要抱怨他的「失陪」。因為，你已經長大，不再是一個處處需要大人陪伴的小姑娘了。

當你與他鬧彆扭時，不要折磨你自己，要努力讓自己開心一點。因為，兩個人偶爾鬧彆扭是極其正常的。當你們都百年以後，一起睡在冰冷的棺槨裡，吵架會不會成為美好的過往呢？

當他因為忙碌而經常出差時，你要理解他，支持他。因為，他打拼事業，是為了讓你過上更好的生活。

當他不能陪伴在你身邊時，你要堅信兩個人的心是在一起的。因為，猜疑只會讓你們的感情產生隔閡。

當他為了你刷鍋洗碗，挑菜做飯時，給他一些鼓勵與誇獎。因為，他的心裡也渴望得到你的認同與感激。

當他包容你犯下的過錯時，你不要無視自己的錯，要學習改變，儘量少犯同一個錯。因為，畢竟錯誤多了不是什麼好事情。

當他的某些行為讓你看不慣、受不了時，你要直接或委婉地說出來，千萬不要冷嘲熱諷或大吵大鬧。因為，嘲笑是最要不得的行為，而爭吵除了會能讓人失去理智，是不能讓人改正缺點的。

當他的書桌很亂時，提醒他要整理好。因為有些人在亂中有序，你幫他整理了，反而會讓他找不到資料，所以千萬不要雞婆！

當他認真工作或者看書的時候，你不要總是故意打擾他，要給他一些享受獨處的時間與空間。

當他生病時，你更不要疏於對他的照顧，給他一些關心。因為，這時他會特別很在乎你的溫存。

當他為你忙得不可開交時，你不要以為這一切都是理所應當，要心懷感激。因為，每個人的付出都是渴望獲得回報的。

當他在雨中把傘撐到你頭上，為你遮擋風雨的時候，記得把他摟緊。因為，人心都是肉長的，他也不喜歡淋雨。

當他與你在某件事情上的觀點不一致時，你要相信人的思想是不一樣的，不要強求他接受你的觀點。因為，沒有人喜歡被別人強迫思考。

當他與朋友們聊天時，不要輕易打斷他的談話，要尊重他以及他的朋友。因為，男人更愛面子，沒有人喜歡無理取鬧的女人。

當他……

總之，如果你正在被愛著，一定要懂得珍惜。像尊重自己一樣去尊重他，像珍惜一生一次的生命一樣，去珍惜眼前的愛，你所收穫的將是享受不盡的關愛。

Chapter 2. 尊重個性

——一個從來沒想改變丈夫個性的女人的傳奇

有哪一個太太能用嘮叨、諷刺，而使她丈夫的身價抬高？

當珍在一八二六年嫁給湯姆斯．卡萊爾的時候，她的許多朋友都認為，她已經把自己的幸福斷送掉了，珍是個漂亮的女孩子——而且是個遺產繼承人，大家都認為她可以嫁一個更好的丈夫。

湯姆斯．卡萊爾非常聰明，但是也非常粗魯、笨拙和怪僻。他沒有一毛錢，似乎也沒有什麼前途——他只有聰敏和才華。

珍．卡萊爾的婚姻，以及她那冷峻嚴厲的蘇格蘭丈夫，現在已經變成一個傳奇了。

她看著自己的丈夫當上了愛丁堡大學的校長，在倫敦受到偶像化的崇拜，而且成為《法國革命》與《克倫威爾的一生》這種古典文學名著的作者。他們位於敦柴爾西的家，也變成了當代所有文學天才的聚會所。

珍．卡萊爾本來是很有才華的詩人，但是為了有更多的時間來幫助丈夫，她放棄了自己的寫作。珍離開了家庭和朋友，和丈夫來到一個與世隔絕的蘇格蘭鄉村，因此她的丈夫能夠不受打擾地寫作。她自己縫製衣服，做個節儉的家庭主婦、照料著丈夫的慢性胃病，並且掃除了他長久以來的鬱悶。當她丈夫的書開始引起公眾注意以後，她就和能夠欣賞丈夫的才華的人交往。

在社交圈裡，許多美麗的女人都很捧她的丈夫，她當然也會很難忍受她們，但她們能夠使她丈夫的作品更受注目。但是珍・卡萊爾最難得的修養是——她從來沒有想要改變丈夫的個性。在一封信裡，她寫道：「……每一個人就是一個類型，你只有用粉筆在每個人的周圍畫個圈圈，勸告他們不要踏出圈外……」

少數女士們可能會想要改善卡萊爾先生的一些不隨和個性——當然女士們會想，這是為他好。但珍只是幫助他培養自己的個性。她喜歡她先生本來的樣子，而且她希望世界上的人都能夠接受她先生本來的樣子。

是的，幫助一個男人了解他自己的能力，以及硬要推動他去做超出能力的事，這兩種態度之間存在著一種微細的界限。要確定一個男人的能力限度，不可以硬要他去做超出能力的事，這就要靠女人來完成了。

對珍・卡萊爾來說，她的先生本來就是很有智慧的天才，而她並不想把她的先生改造成一個彬彬有禮的應酬專家。她尊重卡萊爾笨拙的個性。

Chapter 3. 學會分享

——所有婚姻成功的主要因素

共用每一件東西，不管是一片麵包或是一種思想，都可以使人的關係更加親密。分享我們所愛的人的特殊嗜好和娛樂，這是在人際關係之中得到幸福的最主要方式之一。

愛情專家們曾經對二百五十對幸福婚姻者做過研究，他們發現，夫唱婦隨是這些婚姻成功的主要因素。

夫唱婦隨的基本因素是什麼？共同的朋友、共同的嗜好和共同的理想。這些東西就能夠把人們結合在一起。

是的，整天工作而沒有娛樂，會使婚姻變得索然無味。老婆如果學會分享一些老公喜愛的消遣，就可以增加想要「夫唱婦隨」的願望。

在成功的婚姻生活裡，對於對方嗜好的適應力，比起本來就相同的嗜好和習慣，是更加重要的。

克麗奧佩特拉，這位古代埃及的尼羅河豔后，從沒有學過臨床心理學，但是她卻精通不少支配別人的方法，特別是對於男人最有效用。

克麗奧佩特拉的美麗並不非常突出，但是她和別人共用快樂和特殊嗜好的能力，卻使得她所向無敵。她通曉所有附庸國的方言，她的祖先沒有人像她那樣不怕麻煩地學會這些話。當這些附庸國的使節前來朝貢的時候，克麗奧佩特拉不需要翻譯人員，她用他們的方言和他們談話。於是便贏得了他們的熱心支持。

馬克・安東尼喜歡釣魚，於是喜愛奢侈豪華的克麗奧佩特拉，就不舉辦大宴會了，她跟安東尼一起去釣魚。有一次，安東尼花了好幾個鐘頭都沒有釣到一條魚，她就叫個奴隸潛游到水底，把一條大魚掛在他的魚鉤上，開了一個玩笑。

有時候克麗奧佩特拉為了博取安東尼的歡心就化裝成平民，於是這一對愛侶就跑到亞歷山大城內的貧民區和下級賭場去狂歡作樂一番。馬克・安東尼所喜歡做的每一件事情，對於嬌小的克麗奧佩特拉來說，也都是喜歡得不得了的。

然而，我們之中有多少人願意穿上長統鞋和粗布衣，不怕淋濕、骯髒和寒冷，陪伴老公去釣魚呢？

Chapter 4. 摯愛一生
——誰是世界上真正在乎你的人

愛是因為相互欣賞而開始相戀，因為互相離不開而結婚，但更重要的一點是，需要寬容、諒解、習慣和適應，才會攜手一生的。

愛一個人，也許就是一瞬間，也許要用一生的時間。但是，如果回到從前，選擇那個人仍是自己唯一的決定，需要的不僅僅是愛，還有愛的沉澱與昇華，對於這些，只有那些經歷過坎坷與磨難的夫妻，能夠感受得到。許多夫妻走不了很遠，就分道揚鑣，或者走得很不順暢。因為，夫妻倆只願同甘，不想同苦；缺乏同舟共濟的生活體驗。

出生入死的戰友往往情深似海，因為他們甘苦與共的感情最經得起考驗，「一個人可能會忘記一起笑過的同伴，卻不會忘記一起哭過的人。」

他和她結婚之後，他因為一場生意上的官司輸掉了所有的積蓄，所以，他們突然遭遇貧困，日子過得很艱難。兩人在一個很安靜的社區裡租了一間房子，買了一些簡單的必需品之後，就只剩下一百美元了。

他說：「我去朋友那裡借一點好了。」

她說：「不借，借第一次，就會借第二次。我們能吃苦，你也不要太顧面子了。」

於是，他與她開始計劃如何讓一百美元用上一個月：30美元是給他早上坐公車用的，另外30美元是給他買早餐的，還有30美元是兩個人晚餐用的，剩下的10美元是備用金，以防萬一。他沉默不語，她知道他的心裡很疼，他很內疚，儘量不讓她看到自己內心的慌亂。

第二天早上，她送他上班。他上公車之後，她回家，開始洗衣服，收拾房間。中午的時候，他問她吃午飯了沒有，她說吃了，其實她沒吃。

她怕他不吃早餐，所以，經常都給他買好早餐。那個時候，她不出門，她不想花錢。家裡沒有電視，什麼都沒有，可是，她並不感到寂寞，因為有好多事情可做，她曬他們的被子，琢磨著如何給他做一頓既好吃、又省錢的晚餐。

她學會了自己製作果汁，學會了怎樣把一個漢堡做得又省錢又好吃。到了月底他終於領到了薪水，小夫妻倆激動不已。在艱難的日子裡，倆人都給了對方無限的關愛與鼓勵，生活過得雖然辛苦，但卻仍有甜蜜存在。

夫妻兩人在生活最艱難的時候依然並肩攜手、患難與共。這樣的兩個人才會廝守到老。一個成熟的女人應該懂得，只有那個即使面對困苦也願意與你相伴到老的人，才是真正在乎你的人。

Chapter 5. 生活的點綴

——什麼樣的浪漫不堪一擊

很多女人在選擇男友和老公的時候，都會把浪漫放在第一位。女人一直認為，唯有浪漫的男人，才能夠讀懂自己內心的所有悲喜，才能夠帶給自己幸福。就因為如此，很多女人寧願一個人熬成大齡女，也不甘心下嫁一個不懂你內心浪漫情結的人。

可在某一天，你遇見了一個男人，他恰好能夠讀懂你的心。

他每天按時按地地送你鮮花，隔三差五地帶你去看電影，或者聽音樂，喝咖啡。

你沉浸在浪漫之中，不可自拔。你過著讓無數女人羨慕的浪漫生活。鮮花、美酒、甜言蜜語每天伴著你，電影院、歌劇院、大飯店的咖啡廳是你倆經常出入的場合……

可是，你知道嗎？如果你過多地將浪漫當作你生活中的點綴，那麼，浪漫將不再是點綴，而是生活的全部。一旦你生活的全部被浪漫所填滿，此時，浪漫變得很不真實。

不要在浪漫中迷失自己。情場高手往往善於通過讓你感到浪漫的方式去打動你，可是揭開浪漫的面紗之後，你能體會到多少愛的沉澱？

花花公子為什麼身邊不泛有各色各樣的女人，他的招術說穿了，就是比一般男人更會迎合女性、更懂女人心……

生活不是由浪漫堆積而成的，愛情終歸是要回到現實之中接受考驗，失去了情感的支柱，一切將不堪一擊。

往往讓你頭暈目眩的浪漫時光，卻在你沒有做好心理準備之時，便戛然而止了。

有一天，他對你說，與你在一起沒有了感覺，他又喜歡上了別的女人。你欲哭無淚，悲痛萬分，卻無法打動滿身散發著另一種女人香水味的他，只能眼睜睜地看著他風度翩翩地將鮮花送到另一個女人的手中。

浪漫的愛情夢想破碎了，你明白了什麼才是浪漫嗎？你能感受到自己所謂的浪漫與真愛間的分別嗎——同甘共苦、攜手一生，也是一種浪漫。

當你流眼淚時，他提供給你溫柔的肩膀，然後，用手帕輕輕地擦掉你的淚珠。這就是浪漫。

當你下班之後，發現天降大雨，你正在為沒有帶雨傘而著急時，他正帶著一把雨傘向你這邊奔跑過來。這也是浪漫。

在寒冷的夜裡，你手腳冰冷得很，他擁你在懷裡，你頓時感到溫暖。這更是浪漫。

當你忙碌一天回到家裡，看著他繫著圍裙做你愛吃的菜，雖然難吃無比，也許鹽巴放過頭了……但這仍然是浪漫。

也許就是一句話，一個眼神，一個微笑，說穿了就是包容與諒解，這些都是回味不盡的浪漫。

真正的愛情不是建立在虛無縹緲的外在表現之上的，也無須依靠物質條件的襯托，更不需要以浪漫之名來表示什麼。

廝守一生的不離不棄，是最高層次的浪漫。

請不要再為找不到浪漫而傷心無奈，也不要為失去的浪漫而痛心不已，只要可以與真心愛你的人相伴到老，已是一件很幸福的事情了。

最真實的浪漫是重複著平常的平常。那平平淡淡的真情，那不經意間的浪漫流露，那讓你每當想起就忍不住發笑的點點滴滴，才是最彌足珍貴的，而這些都是用金錢買不到的浪漫。

Chapter 6.

愛情保質期

——愛情悲劇中的達摩克利斯之劍的效應

大多數人的愛情和婚姻悲劇，都是被一把「不慧之劍」誤斬了情絲。這把劍的名字，叫做——「達摩克利斯之劍」。

古希臘有個國王名叫狄奧尼西奧斯，他統治著西西里最富庶的城市。他住在一座美麗的宮殿裡，裡面有無數美妙絕倫、價值連城的寶貝。一大群侍從恭候兩旁，隨時等候吩咐。國王有個朋友名叫達摩克利斯，他常對國王說：「你多幸運啊，你擁有人們想要的一切，你一定是世界上最幸福的人。」

有一天，國王聽膩了這樣的話，對達摩克利斯說：「你真的認為我比別人幸福嗎？那麼我願意跟你交換位置。」於是達摩克利斯穿上了王袍，戴上金製的王冠，坐在宴會廳的桌邊，桌上擺滿了美味佳餚。鮮花、美酒、數不盡的美人翩翩起舞、流動不已的動人樂曲，應有盡有，他覺得自己是世界上最幸福的人。

當他舉起酒杯，突然發現天花板上倒懸著一把鋒利的寶劍，尖端差點兒觸到了自己的頭時，達摩克利斯的身體僵住了，笑容也消失了，他臉色煞白，雙手顫抖，不想吃也不想喝了，只想逃出王宮，越遠越好。

國王笑著說：「怎麼了，朋友？你怕那把隨時可能掉下來的劍嗎？我天天看見它一直懸在我的頭上，說不定什麼時候什麼人或事物就會斬斷那根細線。或許哪個大臣垂涎我的權力想殺死我，或許有人散佈謠言讓百姓反對我，或許鄰國的國王會派兵奪取我的王位，或許我的決策失誤使我不得不退位，如果你想做統治者，你就必須冒各種風險，風險永遠是與權力同在的。」

達摩克利斯說：「是的，我知道了，除了財富和榮譽之外，你還有很多憂慮。請您回到您的寶座上去吧，我要回我的家了。」從此，達摩克利斯非常珍惜自己的生活。

在每個人的愛情和婚姻生活中，哪怕我們像故事中的國王一樣幸福，但只要我們抬頭，用心去看，就同樣能夠看到一柄無形的、危險的、搖搖欲墜的達摩克利斯之劍，用一根馬鬃或者頭髮絲懸在頭上。

對國王而言，風險與權力同在；對愛人們來講，風險與幸福並存。只是，幸福地得到了愛情、順利地進入了婚姻的朋友們，往往被日復一日平淡的幸福時光模糊了眼睛和心靈，因此意識不到風險的存在，直到那柄達摩克利斯之劍掉下來，斬斷了情絲，才悔之莫及。

所以，對於相較於男性更重視愛情美滿和婚姻幸福的女性而言，如果想擁有一份完美的愛情，維繫一段牽手終生的幸福婚姻，就要時時刻刻提醒自己這把劍的存在。只有做到了這一點，愛情才既不是經由分離和死亡才能獲得的奢侈品，也不會在時光的磨礪中，逐漸變成消耗品，甚至是報廢品。

對於這樣的女性而言，愛情將畢生保持新鮮的魅力，她們不會因為已經獲得了婚姻和愛情，就在幸福中喪失對風險的估測，忽略愛情這塊乳酪的保質期。

Chapter 7. 鬱悶製造商

——為什麼女性抑鬱症患者如此之多

一次在火車的餐車裡，有位太太身上穿著名貴的毛皮大衣，上面綴著璀璨奪目的鑽石，然而不知是什麼原因，她的外表看起來卻總是一副十分不悅的樣子，她幾乎對於任何事都表示抱怨，一會兒說：「這列車上的設備實在差勁，窗戶沒辦法關緊，使得風不斷地吹進來」，一會兒又大發牢騷說：「廚師水準太低，菜做得實在很難吃……」

不過，她的丈夫卻與她截然不同，看上去是一位和藹親切、溫文爾雅，且寬宏大量的人，他對於太太的舉止言行似乎有一種難以應付而卻又無可奈何的感受，也似乎相當後悔偕她旅行。

他禮貌地向沉默的同車人打了個招呼，並詢問其所從事的行業，同時做了一番自我介紹。他表示自己是一名法律專家，又說：「我內人是一名製造商。」此時，他臉上有一種奇怪的微笑。

聽完他所說的話，那位同車人感到相當疑惑，因為他的太太看起來一點也不像是個實業家或經營者之類的人物。於是，那個同車人不禁疑惑地問：「不知尊夫人是從事哪方面的製造業呢？」

「就是『鬱悶』啊，」他接著說明：「她是在製造自己的鬱悶！」

這位先生的確很貼切地道出了實際情況。

和那些風華正茂的青春女孩相比，大都市「鬱女」處於女性生活的高層，享受的生活機遇比一般女人充分——教育機遇、職業機遇、婚姻機遇、晉升機遇、獲得高報酬機遇等。按說這樣的女人應該是最充實且快樂的，然而生活中最常聽到她們訴說的詞語，竟然是——鬱悶。

有證據表明，女性比男性更容易沉溺於憂思苦想，所以也更容易陷入悲傷和抑鬱（而這些東西，往往都只是一件小事）。這也從另一個方面解釋了為什麼女性抑鬱症患者竟如此之多。

轉移注意力能夠有效改變不愉快的心情。如看一場精彩的棒球比賽、看一場喜劇、讀一本輕鬆愉快的書等。為排解通常的悲傷氣質，許多人也採取閱讀、看電視、看電影、玩電子遊戲、猜謎、睡覺、胡思亂想等有效的做法。

還有一些有效抑制鬱悶的方法，如進行散步慢跑；洗個熱水澡；吃點美味佳餚；聽聽音樂；上街買點小玩意兒；吃點東西；換一身好衣服；剪個新髮型。

千萬不要用猛吃一頓、酗酒或吸煙的方式來排解。猛吃一頓的女人，事後常常後悔吃得太多；酗酒吸煙使女人的中樞神經受到抑制，會使心情更加消沉。

女人還可以通過做一件事情，取得一個小小的成功。例如，處理好家裡某件拖延已久的雜事，或打掃家裡的清潔衛生。這些事情很容易完成，完成之後，會讓你耳目一新，你的心情也將煥然一新！

比起以上這些，消除抑鬱的最好方法就是換個角度看問題。當一個人失戀的時候，就產生了自憐自怨的想法，認為自己從此將無依無靠。這個時候，如果換個角度，想一想這段愛情，對自己也許並不那麼重要呢！也許分開了才是好的，不分開反而會耽誤一輩子呢！

抑鬱症患者氣質低落的原因就在於沉溺於自己的苦悶中，如果移情於他人的痛苦，熱心幫助他人，就能把自己從抑鬱氣質中解脫出來。

Chapter 8.

好演員的角色

——女人獲得幸福的不二法門

身處在這個競爭激烈的社會，誰也無法避免激烈的競爭和無所不在的壓力。現在的職業女性所面臨的問題越來越多，越來越難。這些問題不僅僅涉及單純的技巧，背後還有複雜而深刻的原因，而且大多數都起源於或反映在日常生活中。因為每位女性在社會中都擁有多重身分，肩負著工作和生活的重任，忙活著大大小小的事情。

同一個女人，在不同的時間和場合，她的身分和職責就會截然不同：在工作場合，身兼助理和主管的責任；回到家裡，既是妻子也是母親……每種角色所承擔的責任、發揮的作用，以及體現的個性可能完全不同。如果說人生就像一齣戲，那麼這齣戲中的女人們都是生活中的演員，只是各自扮演著不同的角色。

然而，真正的問題在於，伴隨著生存壓力的不斷增大，很多女性往往弄不清楚，或者經常混淆自己的職場角色和家庭角色。比如，她們在下班後還將心理壓力和處事方式帶回家裡，或者上班時將自己在家裡的喜好和習慣帶到工作中。於是，各種矛盾和衝突隨之產生了。

實際上，一個女人要在事業、家庭和人際關係之間建立平衡，彼此並不互相矛盾，完全可以相互兼顧。對於想要獲得成功人生的女人來說，這些因素都很重要，而且是缺一不可。盲目地追逐其中一種，就很容易忽略其他方面，遲早也會引發負面的效果。

無論是事業、家庭，還是朋友圈、社交關係，我們都需要費心費力好好經營。事實證明，擁有事業的女人同時也能夠擁有美好的生活。只有對生活充滿熱愛，對工作富有激情，才是美好的人生，關鍵是女性自身對生活、感情、事業的態度，以及扮演角色的技巧和成熟的程度。

每個女人在每個階段、每個時期的目標不同，對於各個目標的實現就會有先後次序方面的不同。因此，女人要在不同的階段、身分、地位中扮演好不同的角色，在每一個舞臺上，都做一個好演員，發揮出各個角色特定的個性，實現各種角色特有的價值。這正是女人獲得幸福的不二法門。

生活中最好的「演員」，就是那些在事業、工作、家庭、朋友之間，不僅會力所能及地完成自己的事情，盡到自己的本分，而且還能夠全心全意、盡職盡責地付出。這樣的女人，無論在哪個舞臺上都會是個最出色的演員，最閃亮的明星。

Chapter 9.

不要盲目攀比

——是什麼偷走了女人幸福的心

女人之間最熱門的話題就是「攀比」。比老公，比婆家，比吃穿，比房子，比車子，比孩子……有不少女人每天懷著虛榮心生活在盲目攀比的世界裡，常常因為自己擁有的某一個方面比別人好而沾沾自喜，又常常因為別人擁有的某一樣東西比自己好而悶悶不樂。這樣一來，女人把自己的幸福和快樂都攀比掉了，弄得自己每天都不快樂。

30歲的布蘭妮是一個喜歡攀比的女孩。雖然她的收入不怎麼高，可是在花錢的問題上卻從來不含糊。只要看到同事在吃、穿、用上超過自己，心裡就難受，非要與人家暗中比試一番。多年來，她不僅一分錢也沒有存下來，還欠了爸爸一萬美元的外債。媽媽為此經常嘮叨，告訴她應該自己存點錢了，以後成家使用，可是她就是聽不進去，花錢還是大手大腳。

一天上午，一位女同事買了一部款式新穎的照相機，在她面前使用了一下。她看到後，以為人家在炫耀照相機，故意向她示威，感到心裡很不舒服，於是，當天下午就從表姐手中借了五千美元，把新款照相機買回來，在那位女同事面前顯擺起來。

沒過幾個月，單位另一位女同事拿著男朋友送的最新潮的照相機到了單位。她看到後，心裡又是一陣難受。看著自己的這款照相機已經不流行了，趕快以一千伍佰美元的價格處理掉了，又從她大姐那裡借了五千美元購買了和同事一樣款式的照相機，並很快在單位的同事面前顯擺起來。如此週而復始，家裡再也沒有人願意把錢借給她。

其實，每一個女人都是一道不可多得的風景線，而女人自己選擇生活就應該學會樂在其中，並怡然自得。一旦盲目地去攀比，迎合跟風，那麼，你的生活所增加的只是愛慕虛榮，而缺少了真誠。

上帝對每個人都是平等的。當在攀比的過程中遇到不幸的時候，不要埋怨上天的不公，也不要去渴求別人的憐憫，因為這是自己所選擇的。任何方式的同情都是廉價的，面對現實，不妨積極樂觀一點，努力找到生命的另一個窗口，去喚醒黎明，尋找屬於自己的太陽。

對於女人來說，在生活中，少一分攀比，就多一份快樂，多一份幸福。盲目的攀比只能增加你的虛榮心，並不能帶給你幸福的狀態。聰明的女人總是看重自己的現狀，喜歡自己所喜歡的，不會因為別人物質上的豐裕而感到悶悶不樂。她們總是善於欣賞自己所擁有的，這就是一種幸福的心態。

Chapter 10. 經濟與態度

——居禮夫婦為什麼要將實驗結果公開

如果我們不能改善經濟狀況，那就趕緊改善自己的心理態度。

美國歷史上最著名的人物也有他們的財務煩惱。林肯和華盛頓都必須向人借貸，才能起程前往首都就任總統。

要是我們得不到我們所希望的東西，最好不要讓憂慮影響個人生活上的快樂，應該盡可能減少對外來事物的依賴。

羅馬政治家及哲學家辛尼加說：「如果你一直覺得不滿，那麼，即使你擁有了整個世界，也會覺得傷心。」

即使我們擁有整個世界，我們一天也只能吃三餐，一次也只有睡一張床——即使是一個挖水溝的工人也可以如此享受，而且他們可能比洛克菲勒吃得更津津有味，睡得更香、更安穩。

居禮夫婦發明了「鐳」，如果做了專利註冊，那麼，財富便在舉手之間。某個星期日早晨，佩勒・居禮給太太看了一封信，是美國的巴華羅工廠請求許可其利用「鐳」。

「有兩樣做法。」佩勒・居禮懶洋洋地說道：「將我們實驗的結果公開，否則，把『鐳』當做我們的所有，申請『鐳』精製法的專利註冊。」

他的意思是將這技術註冊了，兩人年老時，對於孩子們而言，那可是一筆很可觀的財富。

居禮夫人沉默地想了一會兒：「還是不要註冊。那是要根據科學精神的，鐳有益於治療，所以我們不能用它來賺取個人的利益。」

「是啊！」佩勒點頭說道：「你說得很對，要本著科學精神。」

居禮夫婦下了這個決心，要為比金錢更有價值的事工作。幾個月之後，諾貝爾獎金為倆人增輝，這不曾料及的天降之財，夫婦兩個又將那大部分的獎金，分贈給困苦的親戚或貧窮人。

虛榮心既是一種危險的炸藥，也是一種使人不安全的毒素，那麼，能不能把這種惡根剷除呢？能不能把它用到好的方面去呢？至少，它所造成的悲慘結果，是否可以設法避免呢？

當然可以！不過這種心理的剷除，根本是不可能的，只有引導它走向有用的方面去。愛迪生如果為了虛榮心而發明電燈，那麼，我們也不值得崇敬他了。可是，他為人類的需要，為大眾福利而努力，這便由虛榮而轉為光榮的成功。他的事業，讓全人類所擁護，不會被人們所仇視和妒忌了。

Chapter 11.

讓他人釋懷

——牛津英文字典裡「寬容」的真正意思

懂得寬容的女人，不但讓周圍人覺得與之相處如沐春風，自己也活得怡然自得！擁有寬容，可以讓女人擁有迷人的風采，由內而外散發出一種從容、祥和與自信，這樣的女人才是最美的。

愛心讓女人變得寬容，這種態度不僅能讓他人釋懷，同時也是善待自己。寬容是一種生活藝術、生存智慧，當一個人看透了人世間的各種悲歡離合之後，必定就會獲得一份從容和超然。

蘇珊已經76歲了，她甚至做夢也沒有想到，在她孤零零地一個人度過了40年後的今天，還會如此幸福地享受到人世間最為美好的天倫之樂。

蘇珊曾經有一個兒子小約翰，可是在他17歲那年，意外地被一群在街頭遊蕩的不良少年給亂刀砍死了。那段時間，她很悲傷，心中也充滿了仇恨，每一次看到那些衣衫不整、叼著煙捲穿街走巷、狂歌猛喊，甚至髒話連篇的壞孩子，她都有想要過去撕爛他們的衝動，這使她陷入了更深的痛苦漩渦中。

後來，在一次「拯救靈魂」的公益活動中，她碰到了保羅，那時他已經是一個老得幾乎走不動的老牧師了。保羅看到眼含憂鬱的蘇珊後，便顫顫巍巍地向她走來，並對她說：「你的事情我都聽說了，怨恨是解決不了問題的，而且你知道嗎？這些孩子也非常可憐，因為父母過早地拋棄了他們，人們戴著有色的眼鏡來看他們，他們多數人自從出生的那天起，便沒有嘗到過什麼是溫情，更不知道什麼是愛！」

蘇珊憤憤地說：「可是，他們奪走了我的約翰！」

「很可能那也許是個意外，放下這些怨恨吧，如果你願意，也許他們都會成為您的小約翰呢！」

蘇珊聽從了保羅的建議，參加了「拯救靈魂」的團體。她每個月都要抽出兩天去附近的一家少年犯罪中心，試著接近這些曾經讓她深惡痛絕的孩子。開始時固然有些不自在，可通過一段時間的交流後，她發現，這些孩子確實不像他們所表現的那樣壞。他們渴望愛，渴望溫情，有的甚至渴望叫誰一聲「媽媽」。

後來，蘇珊還領養了兩個黑人孩子。她從他們的身上找到了小約翰的影子。她不但用她的愛心，從更深的地方挽救了這些孩子，更找到了她應得的天倫之樂。

在字典裡，「寬容」的意思是：原諒和同情那個受自己支配且無權要求寬容的人。寬容是一個人成熟的標誌。生活在社會裡，生活在人群裡，總難免有一些摩擦。想不通的事情，換個位置站在對方的角度上去思考、去評判，也許就能找到寬容的依據。如果你能以一種寬容的眼光去看待世界，你會覺得綠水青山、碧雲藍天無一不是令人賞心悅目的彩圖。

女人要成為一個生活的智者，就應該豁達大度，笑對人生。

Part 6

輕鬆愉快的生活

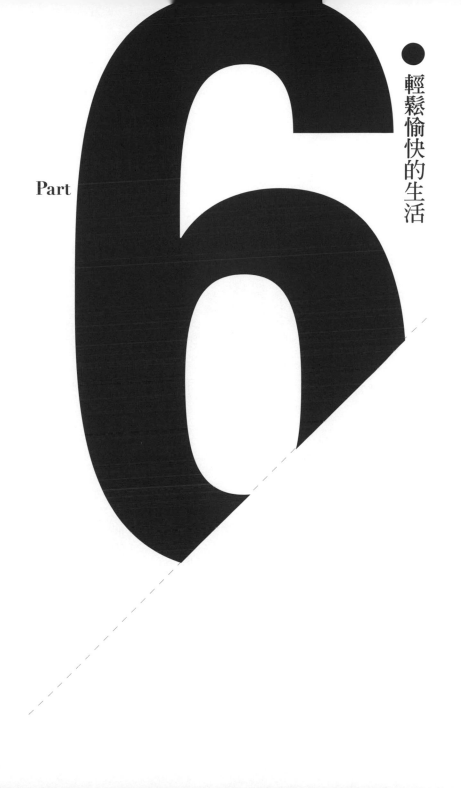

Chapter 1.

排解壓抑

——你行為仿效的榜樣在哪裡

如果你在工作中碰到了麻煩或遭受了挫折，最高明的辦法就是想想那些和你一樣遭受痛苦的姐妹們。你設法主動結交她們，討論共同的問題，商量解決的方法。

尋找一位有成就的男人或女人，作為你的知己。他或她的成功經驗可能對你解決問題具有一定的價值。

意識到那些「守則」（「我應當隨時都彬彬有禮，待人和藹」，或是「我不應當為自己謀取私利並要求提薪」）是如何捆綁、約束你的生活，使你置身於這種不利的處境，這對你很有益。你能找一個行為能讓仿效的榜樣嗎？

如果你結了婚，但由於家裡家外的事引起的矛盾，使你感到包袱沉重，並產生了壓抑的情緒，你必須和你的家人商量，找出新的解決方法。你不能背著沉重的家庭負擔拼死拼活地忙碌不停。你丈夫和孩子也必須義不容辭地負有責任。你不必為此感到內疚。如你願意，制訂一個計畫，把工作好好地安排一下。

你必須給自己留有一定的時間，每週一個晚上或至少有一個星期六或星期天的下午，在這段時間，享受自己的「私事」。

有一群結過婚的女士曾安排在星期六，每五個女士一組到各自的家中去進行清潔大掃除。在她們做清潔時，她們的丈夫就幫助照料孩子。到了下一週，工作就相互對換。這看來是一個「別出心裁」的主意，的確是這樣。但如果你心情不舒暢，記住，必會有新的解決方法。

儘管人人都會有孤獨的時候，但單身女性的孤獨最具有代表性。她們的孤獨是一種實實在在、悲觀失望的孤獨。正是由於對生活失去了信心，才使得她們所付出的努力總不能如願以償，這種失望孤獨的消極態度，也就是克服壓抑情緒最困難的因素之一。

迅速但卻暫時解除痛苦的方法在這裡起不了多大的作用，因為醫治孤獨的根本辦法就是和大家建立友誼。而友誼的建立需要和人交往。因此，時間在這裡是至關重要的。花點時間去廣交朋友，建立友情吧！

Chapter 2.

讓自己高興起來

——有助於克服孤獨感的六個建議

感到孤獨是實在的，就如同感到高興、抱歉、有興趣、沒興趣一樣，我們隨時都會有孤獨之感。

任何女性獨自待一會兒都會感到孤獨，都可能想找個伴，我們把這稱為正常的孤獨感。人們處於一種自然的精神狀態時，如果好一會兒沒有同其他人相處，便會傾向於接近其他人。當然，人們希望獨自待一會兒也同樣是自然的。

有的女性認識不到友誼的美和價值，她們也許忘了友誼能幫助你渡過最難熬的失望和嚴峻的考驗，友誼還富有創造性，能給人以支持和堅定生活的信念。

針對不同情況，我提出了以下這些有助於克服孤獨感的建議。

一、如果你是在週末感到孤獨，就自問幾個問題，首先，自己想點什麼？什麼地方可以發展你所選定的興趣愛好？你是否知道拖住你不參加活動的原因？然後一一地去加以落實。

二、多年來，節假日前或節假日期間的壓抑和孤獨，已成為許多人的一大難題了。其主要原因，是家庭和親密朋友不在一起或與之疏遠，自己單獨過節總是不令人滿意。也許是因為前一個節日過得很愉快，它還留在你心裡。或者你腦子裡已有一個現成的節假日生活的藍圖，如果你的想法不切實際，你也會因此而失望的。

要怎樣才能克服這個難題呢？首先，讓我們找出一個愉快的或不太孤獨的節假日的基本因素，它們通常是：家庭，食物，開心事。家庭是最難以解決的，我們就從這裡入手。你可以問自己幾個問題，你能與哪些家庭成員，無論遠近，進行聯繫。或者，你是否早就認定家人比其他任何事情讓你更憂愁。

如果沒有家庭成員，能否找個替代家庭，或是碰巧認識的商店主人？這些建議似乎難以接受，但在這種情況下受到歡迎，感受意想不到的喜悅，你無法知道這是多麼開心。無論哪種方式，目的只是要找願意同你一起度過節假日的人。要記住，還有許多孤獨的人，同樣渴望有人在節假日相伴，而那個相伴的人可能就是你。

三、如果你一直孤獨，可能也感到壓抑，這時你需要找一個能交談的人或地方，主要應考慮：我該怎樣安排生活才能有更多的時間去接觸別人？做些什麼事才能使我覺得有所奉獻、有所享受？這些問題都得先問自己，然後仔細地考慮自己的想法。

四、如果你比以前更有自信心，獨自一人時就不會那麼孤獨。因此你應為自己找些事做，或是養成一些新習慣。

五、要問自己最重要的問題是：我現在的處境是我所希望的嗎？實際上，對於每個人來說，不一味強調自己的立場，而是理解、寬恕和容忍對方，即擺脫以自我為核心，那才是真正幸福的。

六、把自己置於他人的立場上，不但不會喪失自我意識，相反還可使自己變得更加出色。為了吸收別人的觀點以開拓自己的思路，為了把自己置於他人的立場上，把自己的感情轉移到周圍人的立場上去，就必須發揮機智、聰明和豐富的想像力。我們應該努力培養這方面的能力。

Chapter 3. 有害情感的心思

——為什麼女人總能吸引壓抑

壓抑是人在痛苦和恐懼時，處理情感的一種方式。而且，作為處理情感的一種方式，壓抑也能上癮，成為一種習慣。這也是為什麼一些女性下意識地不願戒除自己的壓抑感，並在出現危機和煩惱時，把它當成是一種守護者，來維持表面上的平衡。

你所能感覺到的各種壓抑是：喪失自尊心、自卑、氣惱、內疚、自我怨恨、厭世以及孤立無助。這些互相矛盾的情感混合在一起就會產生憂鬱，而克制憂鬱就可能導致壓抑。這時，壓抑感的效用可以掩蓋、克制、沖淡和壓抑住憂鬱本身，然而，除了這些作用，它同時又重新帶來不可避免地產生憂鬱的所有有害情感。

有空時請參考下列方式，並在筆記本上把你面臨的問題排列出來。

一、我是否感到若有所失——如果是，是什麼？怎樣失去的？失去的是人、地位、聲望還是自尊心？

二、我感到氣惱嗎——對什麼氣惱？父母、朋友、丈夫、情人、孩子、兄弟或姊妹，還是對自己？為什麼如此氣惱？是因為我的一些願望沒有實現嗎？

三、我感到絶望嗎——對什麼絶望？對誰絶望？這種絶望有事實根據嗎？能否從自己過去的經歷中，找出證據來證明這種絕望只是暫時的？

四、我感到孤立無助嗎——是否是真的？能否找到簡單有效的辦法來減輕孤立無助的感覺？是否已經探索了各種可能性？

五、我是否有內疚感——如果有，那麼對什麼感到內疚？希望自己做些什麼？自己還對另外什麼人感到內疚？我自己能引起內疚嗎？

六、我是否在某些事情上怨恨自己——怨恨自己做的哪些事，或沒有做哪些事？覺得自己是個可怕的人嗎？如果有這種感覺，自己能找出證據來駁斥它嗎？

七、我陷於內疚矛盾之中了嗎——我想在同一時間內做完全對立的兩件事，而且還不想放棄其中一件嗎？是否想把時間花費在自己身上，而同時又想把全部時間用於家庭？是否既不想捲入某人的事務，而又繼續保持與該人密切卻有害的關係？

八、我怎樣對待這些情感——抱住不放，還是設法沖淡？

以上問題幾乎包括了你的各種壓抑感。要消除它們只能逐漸地、慢慢地來，一次解決一個。你還可以補充一些自己獨有的壓抑感。這也是建議你使用筆記本的理由之一。寫上一個問題後，接著就寫出你對它的想法。同樣的問題可以多問幾次，並用各種不同的方式來回答。

一定要記住，這完全是你自己的事，不要受任何規則的約束，由自己決定取捨，由自己對自身的存在做出反應。如果發覺自己產生了急躁情緒，就暫時停止，過一段時間再繼續做。

你能為自己做的最重要的和最有益的一件事，就是看看你的願望，或所認為的「應該」會對你的精神生活帶來什麼樣的影響，會不會使你對自己和他人抱有不滿？

正確的認識不會奇蹟般地立刻產生，你不會在半夜三更醒來說：「這正是我的問題的癥結所在！現在我必須努力徹底改正它，如此今後的生活會比目前更幸福。」——改變是需要一個過程的。

Chapter 4.

心理防禦機制

——對付壞心情的一些非藥物性方法

每個人都會有愉快的時候。女人生理週期中每一個月都有那麼幾天是情緒低落的時期，情緒不好有時會讓我們把自己積累了許久的印象、計畫、工作毀掉或損傷。

如何克服壞心情呢？最好的方法就是把心裡話說出來，儘管有時候周圍沒有人在聽你說話，現在各地都有許多「心理熱線」之類的機構，這些機構最大的宗旨是維護人的心理健全，讓人保持一份好心情，這種作法在心理學上稱為「宣洩」——是一種很不錯的心理防禦機制。

還有一種更重要的方法叫「自制」。自制同樣是一種心理防禦機制。柏拉圖說：「就人本身而言，最重要與最重大的勝利即是征服自己。」

現代醫學也為我們克服壞心情提供了很多鎮靜劑、抗憂鬱劑，這為我們的壞心情得到排解起到了很多的作用。

更為可喜的是，現代人發現了對付壞心情的一些非藥物性方法：

1.運動

在各種改變心情的自助技術中，以耗氧運動最能消除壞心情。研究指出，由於化學和其他的各種變化，使運動可與提高情緒的藥物相媲美。家務勞動等體力活動的效果很差，關鍵在於做耗氧運動，如騎自行車、快走、慢跑、和其他重複性持續運動，可以增加心率加速血液循環，改善身體對氧的利用。這種運動每次至少進行20分鐘，每週進行3～5次。

2．利用顏色

紐約顏色心理學家派特里夏・捷爾巴說：「就像維生素是身體的營養品一樣，顏色也可以成為精神的營養品。」

為消除煩躁與憤怒，避免接觸紅色是有好處的，為了抗憂鬱不要穿黑色、深藍色等使心情沉悶顏色的衣服，也不要置身於這種顏色的環境之中。應該尋找溫暖明亮積極的顏色，以使心情輕鬆。為減輕憂慮與緊張，應選擇中性的顏色，以取得鎮定、平靜的效果。

3．聽音樂

音樂對不好的心情有治療作用，應當根據等同心情原則選擇音樂。如果心情憂鬱，就應選擇憂鬱的音樂。雖然，這似乎增加您的憂鬱感，但這是改變心情的第一步，可以選用3～4小段音樂，逐步把原有的心情導向所要求的心情。

4．正確擇食

食物與心情有著重要的聯繫。糖類食品是具有安慰作用的食品。單吃糖類食品有鎮靜作用，這是因為糖類食物刺激腦組織產生的元素，可使我們感到平靜和鬆弛。50克糖類食物已足以引起安靜效應，爆米花、鹹脆餅乾等低熱量糖果食品，與甜甜圈、薯條或薯片等致肥食品，有同等的鎮靜作用，蛋白類食品使人維持警戒狀態和精力充沛。在這方面，最好的蛋白質食品是甲殼類、魚類、雞、牛肉和牛肉乾，吃100～150克就有效。

高咖啡因攝取也參與心情的變化。對比試驗發現，對某些人來說，高咖啡因攝取與抑鬱、煩躁和憂慮的加深，有著相當密切關係。

5．增加照明

美國心理衛生研究所發現，有些人容易發生冬季憂鬱症，這是一種季節病，是因缺少光照而引起的。只要每天增加照明，心情就會好起來。

這些方法大家不妨試一試，或許會讓我們的心情不自覺地變好了。

Chapter 5.

放鬆自己

——倦怠感如何製造疲勞

引起疲勞的主要原因之一是倦怠感。

愛麗絲是個公司職員，一天，回到家時她已筋疲力盡，疲憊不堪。頭痛、背痛、不想吃飯，只想上床睡覺。經不住母親再三要求，愛麗絲才坐到餐桌旁。

電話鈴響了，是男朋友邀她出去跳舞。這時愛麗絲的眼睛亮了起來，整個人變得神采飛揚。她衝上樓，換好衣服出門，一直到凌晨三點才回家，她看起來一點也不顯得疲倦，甚至因興奮過度而無法入睡。

那麼，八小時以前，愛麗絲是不是真像她所顯現的那麼疲倦不堪呢？當然是的。因為她對工作覺得厭倦，抑或對生命覺得厭倦。這世上有成千上萬個愛麗絲，你或許就是其中之一呢。

情緒上的因素比生理上的操勞更能製造疲倦。

喬瑟夫・巴馬克博士在《心理學檔案》發表了一篇實驗報告，說明倦怠感如何製造疲勞。巴馬克博士要幾個學生通過一系列枯燥無味的試驗，結果學生都會感到不耐煩而想打瞌睡，並且抱怨頭痛、眼睛疲勞、坐立不安，有些人甚至覺得胃部不舒服。難道這些都是自己想像出來的嗎？當然不是。這些學生還做了新陳代謝測驗。

測驗顯示：當人們厭倦的時候，身體血壓和氧的消耗量顯著降低。而當工作較為有趣富有吸引力時，代謝現象立刻加速起來。

這個實驗的結論就是：我們的疲勞往往是由於憂煩、挫折和不滿引起的。有興趣就有活力，和嘮叨的妻子或丈夫同行一小段路，要比和心上人同行10里路還累！

以下是讓身體鬆弛下來的祕訣：

一、隨時保持輕鬆，讓身體像隻舊襪子一樣鬆弛。見過睡在陽光下的貓嗎？牠全身軟綿綿地就像一團泡濕的報紙。懂得瑜伽術的人說，要想精通「鬆弛術」，就要學貓的懶散。

二、儘量在舒適愉快的情況下工作。記住，身體的緊張會製造肩痛和精神疲勞。

三、每天自省幾次，自問：「我做事有沒有講求效率？」

經常把工作在你前面堆得像山一般高吧！願它成為使你發揮能力的最大壓力。擔任多一些工作，憑忙碌的工作就可打破安逸的惰性，當非常事態來臨時，你才知道自己真正的實力。

Chapter 6.

音樂療法

——能夠戰勝乳腺癌的神奇鋼琴曲

音樂是女性心靈的伴侶，是女人心事最時尚、最浪漫的表達，也是撫慰女人心靈的和煦之風。音樂能刺激你的感官，激發聯想，還能使心靈得到滿足，身體得到放鬆，並且可以撫慰工作、生活壓力下積累起來的緊張情緒，讓人精神振奮、歡欣、輕鬆自如。

一九七五年，美國音樂界的知名人士凱・金太爾夫人因乳癌纏身，身體每況愈下，瀕臨死亡的邊緣。這時候，金太爾夫人的父親不顧年邁體弱，天天堅持用鋼琴為愛女彈奏樂曲。或許是充滿愛心的旋律感動了上蒼，兩年之後奇蹟出現了，金太爾夫人勝利地戰勝了乳癌。重新康復後，她熱情似火地投身於音樂療法的活動，出任美國某癌症治療中心音樂治療隊主任。金太爾夫人彈奏吉他，自譜、自奏、自唱，引吭高歌，幫助癌症病人振奮精神，與絕症進行頑強的拼搏。

對於現代女性，心靈音樂及傳統音樂都是最好的聽覺來源。在辦公室的背景音樂中，在寓所客廳環繞音響之間，或者就是一個隨身聽，都能讓你隨時隨地沉浸在音樂的洗禮中，讓心靈更加寧靜與純淨。

你可以逐步培養起自己對某位音樂家的作品，或者某種樂器，或者某個民族的音樂文化，或者某首曲子的特別愛好，從中聽出一些常人所無法知覺的東西。

不過，你的生活際遇和情緒變化也會影響你對音樂的選擇及愛好，這種只可意會不可言傳的階段性欣賞習慣，其實正是自己成熟的心理變化造成的。

其實，你不用刻意去講究什麼欣賞的品位與方式，音樂是非常私人、非常情緒化的東西，只要你自己覺得好聽就可以了。

如果能什麼都不做，就讓自己很單純地享受音樂，這樣更能滋潤身心，帶來更深層的撫慰。

試試看，每天早晨閉上眼睛靜靜聽上15分鐘的音樂，再開始一天的工作，相信你今天的心情一定會比較愉快。聽音樂時，讓思緒自由地流動，你可以準備一本筆記，隨時寫下心中的想法。有時心中盤旋已久的問題，隨著音樂，便會從心中流出答案。

重要的是，不要刻意有什麼效果，在靜靜聽音樂的15分鐘裡，先拋開一切利害得失。睜開眼睛，相信你會有驚人的發現。

Chapter 7.

睡美人

——上帝送給女人的兩件禮物

美麗是上帝送給女人的第一件禮物，也是第一件收回的東西，但是看到女人們失去美麗後痛苦悲涼的表情，上帝心軟了，又給了她們另一件禮物，那就是睡眠。

即使是普通人，飽睡一覺後你也會發現自己在一夜之間突然變美了一些，肌膚緊緻，眼睛澄亮，整個人顯得神采奕奕。

睡眠為什麼會讓我們變得美麗呢？原來，當我們進入熟睡狀態時，大腦會釋放一種特殊的生長激素，促進皮膚的新生和修復，保持皮膚細嫩、有彈性。與此同時，人體內的抗氧化酶活性也會相應提高，從而有效清除體內的自由基，保持皮膚的年輕態。反過來說，如果睡眠不好或睡眠不足，生長因素的濃度和抗氧化酶的品質就會下降，從而引起痤瘡、粉刺和皮膚乾燥等皮膚問題，眼睛凹陷、黑眼圈更是睡眠不足的首要徵兆。

此外，睡眠不足還會從許多方面直接或間接影響美麗，甚至影響我們的身體健康。

一、睡眠問題會間接導致肥胖——科學研究表明，我們的身體裡有一種叫做瘦素的荷爾蒙，這是一種維持身體不至於突然增重的重要物質。當睡眠不足或睡眠品質不佳時，體內的瘦素就會逐漸下降，受此影響我們的大腦就會產生一種很想吃東西的資訊，從而大量飲食，多餘的脂肪自然就會在體內越積越多。

二、睡眠不好的女人更容易衰老——熟睡時，我們的大腦會分泌較多的生長激素，它擁有使細胞再生的能力，可以讓我們的肌膚保持年輕光彩、有彈性。反之，當睡眠品質不佳時，肌膚細胞無法進行更新，或者更新速度較慢，我們的氣色自然顯得又老又暗淡。經常睡不好覺，整個人就會看起來更加的衰老。要想保持青春不老，睡眠乃是首要的關鍵。

三、睡眠不好會讓女人情緒變壞——睡眠不好的女人，不但注意力無法集中、精神渙散，也因無法化解積存已久的心理壓力，變得很容易出現生氣、躁動等情緒上的反應，嚴重時，甚至會引發更多精神層面的疾病，如憂鬱症、躁鬱症、記憶力減退等等。

四、睡眠不好，百病叢生——睡眠不好容易引發心臟病、高血壓、神經衰弱、免疫功能失調、內分泌失調、抵抗力下降、糖尿病體質等多種亞健康的疾病。

既然科學已經證明睡眠對美容有如此神奇的功效，也對我們的美麗和健康有著如此嚴重的影響，那我們為何不對自己更好一些呢？

臨睡前輕輕鬆鬆洗個熱水澡，最好是泡個澡，可以促進副交感神經發揮功效，從而幫助我們容易入睡。

臨睡前做一段柔軟操或一些簡單的伸展運動，都有助於緩解一天下來的緊張情緒，也能讓副交感神經發揮作用，幫助入眠。

經常運動的人，不僅早上有精神，晚上也更容易入睡。

晚餐時吃些有利於睡眠的食物。對一般人而言，牛奶、小米、蘋果、核桃、芝麻、葵花子、大棗、蜂蜜、全麥麵包、醋等食物都有助於睡眠。而辣椒、大蒜、洋蔥、酒類，以及所有含咖啡因的食物則會讓人失眠，生活中要引起注意。

女人塑造美麗，首先要從營造良好睡眠開始。只要每天保持充足的睡眠並持之以恆，過不了多久，你就會成為睡美人！

Chapter 8.

幽默之家

——如何使家中到處流淌著笑聲

在夫妻生活中，幽默常常會收到意想不到的效果。它往往以善意的微笑代替抱怨，避免爭吵，給人帶來歡樂，消除煩惱，使夫妻關係得以調適，使家庭生活充滿快樂。幽默是任何說教、訓斥、央求、親昵，所無法取代的。它勝過一百個熱烈的親吻，一千次赤誠的宣誓。

學會用幽默消除矛盾。夫妻生活中不可能沒有矛盾，有了矛盾怎麼辦？只有設法從積極的方面處理——有這樣一對夫妻，在爭吵高潮中妻子說：「天哪！這哪像個家呀！我再也不能在這樣的家裡待下去了！」說完提起自己的皮箱就走。她剛出門，丈夫就在後面喊：「等一會兒，咱們一起走！天哪，這樣的家有誰能待得下去呢？」丈夫也提上自己的皮箱趕上妻子，並接過她手中的皮箱，不知在哪兒轉了一圈，回來就像剛度過了蜜月一樣。

學會用幽默代替責備。夫妻生活中的說話是很有講究的。同樣是一句話，如果說法不一樣，其效果也就相差甚遠——有一對夫妻，妻子晚上睡覺總是嘮叨個沒完沒了，她丈夫天天早晨都不能按時起床。一天，妻子對丈夫說：「你應該買個鬧鐘。」丈夫說：「不用買！你不就是現成的鬧鐘嘛！」幾句幽默的話，就把妻子的缺點暗示出來了。兩人在「和平」中解決了矛盾。

學會用幽默去引領生活快樂。夫妻生活中不僅需要溫柔和不斷激盪的熱情，也需要有充沛的情感和智力來完善、豐富家庭生活——有位丈夫跑回家，氣喘吁吁，且又得意揚揚地對妻子說：「我一路跟在公共汽車後面跑回來，這一來我省了15元。」妻子說：「那你為什麼不跟在計程車後面跑？那樣不是可以省二百元嗎？」這是對話的開頭，整個夜晚夫妻生活是在甜蜜中度過的。

用幽默去化解怒火——有一個農夫夏日在田裡耕作，幹累了，饑腸轆轆，見妻子送飯來遲，火氣發作舉起扁擔向妻子打去，未料賢慧的妻子卻陪著笑臉說：「扁擔如果打斷了，你可要自己出錢去買哦！」這一招使丈夫火氣頓消，扁擔在空中戛然而止。

用幽默應付尷尬。在處境極其不好的情況下，恰到好處地運用好幽默語言，能轉危為安——古希臘偉大的哲學家蘇格拉底的妻子脾氣暴躁。有一次當蘇格拉底正和他的學生們討論學術問題的時候，他的妻子突然闖了進來，不由分說就大罵一通，隨後又提起裝滿水的水桶猛地澆了過去，把蘇格拉底的全身都弄濕了，學生們以為老師一定會勃然大怒。然而出乎意料，蘇格拉底只是笑了一笑，幽默風趣地說道：「我是知道的，打雷過後，一定會下雨的。」大家聽了，都捧腹哈哈大笑起來。蘇格拉底的妻子自知無趣，灰頭灰臉地退了出去。

一般說來，夫妻之間的幽默應該具有以下幾個條件——

首先，要有樂觀的性格——有的人在生活中遇到不如意的事，缺乏信心，缺乏一分為二的處世態度。因此，在感情中除了高興，就是哭泣。這樣的人是不會有幽默性格的。

其次，要有廣博的知識——沒有廣博的知識，就不會將感情的「焊點」連接起來，就不會產生幽默。

最後，要掌握一定的語言技巧——幽默的語言中，運用了大量的修辭手法。沒有堅實的語言藝術作為基礎，幽默就成為一種虛偽的笑料。

家庭生活極需幽默。不論在什麼情形中，一對善用幽默來潤滑輪子的夫妻，他們獲得的安寧，比那些整天吵鬧不休的家庭多。一齊發笑的夫妻，通常能維持永遠在一起。幽默感相同的夫妻較易相愛和共生死偕白頭。學會幽默，使夫妻之間充滿歡笑。這是我們每個人的責任。當你和自己的愛人在一起的時候就該運用自己的幽默力量，妙語橫生。

Chapter 9. 放開婚姻

——一位母親教女兒如何把握愛情

很多婚姻出現問題，甚至最終導致離婚，並不都是因為第三者等外部因素，而是夫妻雙方自身的問題。

貝芙莉很愛老公，並且望夫成龍，同時還想牢牢地抓住老公，尤其在自己沒有事業依託，而老公又事業有成後，更是將人生所有的重心和希望都寄託於婚姻。然而因為無端猜忌，她越想抓牢婚姻就越是抓不牢，可以說正是這種心態導致了情感上的失敗。

我們身邊有不少這樣的女子，她們對老公一向奉行「高壓和管理政策」，一方面她們不甘心平淡，希望老公成為人上人，於是想方設法、旁敲側擊地施壓，給予男人很大壓力。另一方面在老公真正成了氣候之後，女人往往自己還在原地踏步，於是有了危機感，拼命想「抓緊」婚姻，比如干涉老公的生活，除了管生活小事，還要管他的錢包、社交，就連對方的工作都恨不得插上一腳，管來管去兩個人感情越來越糟，可是她們往往意識不到自己有什麼問題，反而覺得理所應當，她們認為自己為家、為對方付出了一切，當然應該享受這份婚姻，享受到老公更多的愛。更可怕的是因為對自己缺乏信心，害怕失去對方便無休止地懷疑和猜忌。

可是，她們忘了，她們的愛已經成為了一個沉重的枷鎖，套在了男人的身上，對方已經感覺不到一絲愛的甜蜜。

其實，女人看重婚姻本沒有什麼錯，只是當你越想牢牢地掌控婚姻，拴住男人的時候，那婚姻卻越容易出現危機，因為男人心裡會想逃掉，反而會離你越來越遠。

一個女孩問她的母親：「在婚姻裡，我應該怎樣把握愛情呢？」母親沒說什麼，只是找來一把沙，遞到女兒面前，女兒看見那把沙在母親的手裡，沒有一點流失，接著母親開始用力將雙手握緊，沙子紛紛從她指縫間落下，握得越緊，落得越多，待母親再把手張開，沙子已所剩無幾。女孩看到這裡，終於領悟地點點頭。

婚姻的道理恰恰在此。要想使婚姻長久、美滿、幸福，就學會保持一定距離——別把婚姻「抓」得那麼緊！

Chapter 10. 爲男人鬆綁

——一個廣告天才是怎樣被毀滅的

一個老人說，他太太一直輕視和取笑他所做過的每一份工作，他的事業幾乎要被他的太太給毀掉了。

剛開始的時候，他是個推銷員，他喜歡自己的產品，並且很熱心地推銷著。當他晚上回到家的時候，本來很希望得到一些鼓勵，但他的太太卻以這些話來迎接他：「好哇，我們的大天才，今天賺多少了呢？還是又是雙手空空？我想你一定知道，下個星期就要付房租了吧？」

這種情形持續了好幾年。雖然不時遭受嘲笑，這位男士仍然努力地奮鬥著。現在他已經在一家全國著名的公司，擔任執行副總裁的職務了。

至於他的太太呢？他和她離婚了，自己又娶了一位年輕的、能夠給他愛心和支持的女孩，這是他的第一位老婆所不能給他的。

事實上，第一任太太並不知道自己為什麼會失去了老公。「我省吃儉用，吃苦這麼多年，」她告訴她的朋友，「結果當他不再需要我替他做牛做馬以後，他就離開我，去找更年輕的女人了。男人竟是這樣子的啊！」

如果有人告訴這位女士，使得她老公離開自己的並不是另外一個女人，而是她的嘮叨、挑剔，想必這位女士是不會相信的。但是這的確是她先生離開她的主要原因。

她是以一種輕視的方式來嘮叨和挑剔——這對於男人的自信心是一種致命的打擊和折磨，打擊著他自認為有能力賺錢養家的男性自尊。

生活中這樣的例子很多。

一個20多歲的年輕人，在廣告行業得到一份工作。競爭非常激烈，他需要安慰和了解來保持奮鬥的勇氣。他的太太非常積極而充滿野心，但是卻很不耐煩地認為她的老公動作太慢。

在太太不停地嘲笑和指點下，他的勇氣消失了。他告訴同事，令他最難忍受的事情是，他的太太已經逐漸地把他對自己的信心腐蝕掉了——就像不停滴落的水球，將會侵蝕掉一塊石頭那樣。他開始對自己的工作沒有信心，最後，他丟掉了他的工作。他的老婆不久也和他離婚了。

自從離婚以後，這個年輕人又漸漸地重新得到失去的自信，就像一個生過病的人自己摸索著重新恢復健康那樣。

聰明的女人，你這回知道了吧？你的一舉一動，若不是讚美和鼓勵，都會最終成為男人信心的殺手。信心沒有了，這個男人也就被毀滅了——毀滅的同時也害了你自己。

Chapter 11.

削減虛榮心

——有自知之明的人都在做什麼

女性一般都有很強的自尊心，在生活、工作中總能努力向上，渴望得到成就和榮譽。但女性的這種自尊心很容易遭受不良環境的誤導，變成一種心靈的虛榮。

女性的虛榮常有下列的表現——

在對自己的態度上，喜歡人家稱讚自己美貌，在「美」字上下工夫，以博得異性的注意、青睞和追求。喜歡人家誇獎自己的地位，羨慕自己的闊氣，熱中於炫耀自己的社會地位、父母的成就或錢財與有名氣的親戚朋友。

在對他人的態度上，與他人比面子。對人表面熱情，內心冷淡。趨炎附勢、攀龍附鳳，以增加自己臉上的光彩。熱中於討好上級、拉關係，當他人取得成績時，或在某方面上工作超過自己時，內心不悅或不服氣時，能用種種方式詆毀對方。

在工作態度上，工作中喜出風頭，在集體活動中，寧願不參加也不做配角，一旦取得成績就貪功據為己有。不肯埋頭苦幹，熱中於追求一鳴驚人的效果，而能力卻不怎麼樣。工作成績並不突出，卻希望得到超過自己實力的讚譽，譁眾取寵，偏好表揚。擇業不從能力出發，而是以求名聲為主要傾向……

在對愛和婚姻態度上，只重時髦，與別人攀比，實際上並無情意，怕別人說「自己沒人要」，並以戀愛的次數、男朋友的多寡為榮。擇偶條件是：長相出眾，門第相當，收入狀況好，地位高，職別高。婚禮比排場，擺闊氣，哪怕舉債亦在所不辭，「硬著頭皮」也要做得風光……

另外，最可怕的就是愛慕虛榮這種不良的性格，是一種被扭曲的自尊心。女性容易產生虛榮心的原因：一是由於女性自尊心過強，迫切希望得到榮譽，特別關心自己在他人心中的評價。二是女性內心深處往往又有一種潛在的自卑感。

一切惡行都圍繞著虛榮心而產生，且都不過是虛榮心的一種表達方式。那麼，我們應該怎樣克服虛榮心呢？

首先，要樹立正確的人生目標——我們的時代留給我們千萬種選擇，在五彩的世界裡，我們的心靈還得經受考驗。相對於心靈來說，外面的世界很精彩，外面的世界亦很無奈。個人生存於社會，不僅負擔著實現個人目標的任務，同時亦肩負著一定的社會責任。一個人要明確自己的人生目標，當務實於現實的社會生活，尋找自己的最佳突破口，方便自己，亦有益於社會。「白領」女性應有一種高貴的氣質，遠離虛榮，不要讓浮華的雲朵遮住自己的目光。

其次，要去追求真實的榮譽——社會上的一切物質和精神財富皆是勞動的創造，「天上不會掉餡餅」這個道理是很淺顯的。因此，我們不應希望不經過努力就可以得到的財富和榮譽。一切虛假的榮耀因為違背了人類社會的基本準則，因而是沒有生存基礎的，不但最終會喪失，而且自己也要受到懲罰，「圖虛名，得實禍」是客觀規律。只有通過自己的勞動和創造，為社會做出貢獻而得到的榮譽，才是真實可靠的。

最後，要有自知之明——一個人應有自知之明，能正確地估計自己的長處和短處，明白自己能幹什麼，不能幹什麼，這樣就大大地削減了虛榮心的基礎。

Chapter 12.

性的溝通

——如何看待夫妻性生活的敏感問題

在夫妻生活中，性愛是一個很敏感的話題。很多夫妻就是因為不能很好地處理這個問題而導致關係不睦，甚至更加糟糕。

那麼，如何看待夫妻性生活的敏感問題呢？

一、生了孩子以後，他是否會不喜歡我？

妻子生了孩子以後，丈夫失去「性趣」是很正常的，但是幸運的是這個過程很短，也就是幾週的時間。這並不意味著妻子在他們眼裡失去吸引力，主要是出於對妻子的體貼。他們知道妻子剛經歷過一番痛苦，不想再對其施壓。心理學家認為，這時，夫妻雙方將精力集中到孩子身上是很自然的。不過這一特殊階段很快就會過去。夫妻之間相互溝通顯得尤為重要，妻子不應只顧照顧嬰兒，而忽視了對丈夫的關心和溫存。

二、我們已幾個月沒過性生活了，我們有什麼問題嗎？

沒有。性生活頻率因人而異。每對夫婦都會經歷一段無性的生活。性具有間歇性，時發時停，忽冷忽熱。這多半是由於外部因素所致，諸如經濟拮据、疲勞、煩躁、焦慮、孩子打擾等，甚至一些微妙的心理變化也會產生影響。所謂「飽暖思淫」說的就是這個道理，你不可能在股票暴跌時，還有興趣做愛。

三、儘管丈夫竭盡全力了，但性生活後我仍有種失落感。難道我有什麼問題嗎？

沒問題。至多是沒有很好的交流。男人們會本能地知道怎麼做，但女人卻對丈夫羞於啟齒哪個部位需要愛撫，當丈夫沒有做到時，我們就會很失望。

其實你既可以親口告訴他應該怎樣，也可以不知不覺地引導他的手觸摸你渴望愛撫的敏感部位，並及時表達出你的快感，鼓勵他繼續下去。這種隱晦的互動對於和諧的夫妻生活都大有裨益。

四、如果孩子看到我們做愛會不會很恐慌？

最好避免讓孩子看到。因為孩子看到可能會引起他們性意識的覺醒，與小夥伴模仿大人性遊戲。如果真的看到了，就要小心向孩子解釋，告訴他不必大驚小怪，這是爸爸愛媽媽的一種方式。

千萬不要煞有介事地告訴他，只有大人才能做這種事，那樣會更挑起孩子的好奇心。

總之，在夫妻生活中，兩個人只要經常溝通，避免相互抱怨和猜忌，那麼，所有的問題將不會再是問題。

Chapter 13.

性期望差異

——消除性冷漠的幾點建議

缺乏性熱情並不意味著婚姻走到了盡頭。但是，「性期望差異」是一種跡象，提醒夫婦們，他們的關係已漸趨冷漠，是調整的時候了。下面是消除性冷漠的幾點建議——

1．把「期望」放實際些

當現實難以完全滿足「期望」時，有人就責怪自己，或抱怨配偶。於是，就造成了心理學家所說的「預言的自我促成」。如有個女人自感結婚七年後幾乎沒有性衝動，結果她的臆測變為了事實。這樣的女人應該記住：改善性生活的三個要素是：

一、雙方抱持積極態度，要有自信，也要相信配偶；

二、注重自我感覺，不讓「性生活應該如何如何」的俗見困擾自己；

三、方式靈活多樣，不拒絕新的嘗試。

在對300對婚齡15年以上的恩愛夫婦的調查中，研究人員發現不少夫婦做愛的頻率，並不像他們所想像的那麼高，但是，性生活無一例外地都達到了「高標準」，即真正把性與愛融為了一體。一位男士說，由於他與妻子都態度積極、傾注熱情，結果，每次做愛都成為——「精神和肉體上美妙的給予和分享」。

2．懂得身心變化

性熱情在婚後一段時間減退主要是心理上，而並非生理上的。只要你善於調整性生活節奏，變換性興奮焦點，保持性熱情是辦得到的。

因此，夫妻雙方都要正確了解自身的生理、心理上的變化，強調「感情投入」，把注意力放到你現在能——而不是已經不能——為配偶做的事上。一般來說，只要適當「豐富」做愛方式，並掌握好性的全部體驗，就能夠保持性生活的新鮮感和興奮度。

3．勿因一時不如意而過慮

一位年輕的電腦工程師與妻子結婚後，由於性生活方式缺乏變化，做愛減到每二、三週才一次。當丈夫的工作壓力增大而妻子也為謀求升職而全力以赴時，房事熱情更是蕩然無存了。在充滿痛苦的幾個月裡，雙方對「愛情已經消亡」的焦慮與日俱增。但是最後，在性諮詢專家的幫助下，他倆通過平心靜氣地討論，停止了為此而心煩意亂，憂心忡忡，而把注意力放到減輕身、心壓力，培養夫妻情愛上。他們發現，互相多加體貼並嘗試新的做愛方式，結果一切將完美如初。

4．不把臥室當「戰場」

發怒是最厲害的傷欲劑，當一方生氣時，極容易導致性冷漠甚至性排斥。人們越是激烈地傾瀉怒火，他們自身的敵意就越深。因此，不應吵「床頭架」，而應採取許多恩愛夫妻的做法：既不掩蓋矛盾，也不做無謂的爭吵。

5．創造條件「親熱」

日常家庭生活中，要把安排夫妻歡娛的「私人活動時間」放在優先位置。「如果有必要的話，我們可以推遲去洗衣店、可以取消約定的打網球，或者僱一個臨時保姆來幫忙。」

一對極忙碌但又極恩愛的夫婦向專家透露，「幾年前，當我倆整日百事纏身，一夜又一夜精疲力竭上床時，各自都準備好要寫離婚書了，但現在一切都好了，儘管屋子有時候並不那麼井井有條。」

人們的性生活條件和其他一些至關重要的生活條件都可能發生變化，但變化並不等於危機——除非你無所作為地等待它發生。因此，如果你正為「性期望差異」而苦惱的話，拿出勇氣來，你的配偶也許正盼望你走出第一步，抱以積極態度，掌握某些技巧，你們恢復新婚期恩恩愛愛的前景一片光明。

Chapter

14.

解放自己

——自由女人的七個共同特點

世上的女人很多，但真正能夠享受自由的女人卻不多。所謂自由並不是任意妄為、行為完全不受約束。對於一個女人來說，只有達到了一定高度的修養，才能享受到真正的自由。那麼，什麼樣的女人才能享受到真正的自由呢？根據心理專家的觀察和親身體會，這類女子的共同特點有以下七項——

第一、她們不會胡亂插手別人的事情——大多數女人都有喜歡管別人閒事的毛病，誰都不想讓別人插手自己的事情吧？干預別人的事情，除了招人厭煩外，不會給你帶來任何好處。相反，那些默默關注別人事情的女人，比那些總是想要插手別人事情的女人更有魅力。

第二、她們的任何行為都不會被別人的目光所左右——當別人的目光左右不了你的行為時，你才真正地擁有自由。所以，對於別人投來的挑釁、不以為然和蔑視的目光，你都不必耿耿於懷，更不用唯唯諾諾，應當無視這些外在因素，自由地行動、自由地生活。因此，只有勇於承擔責任的女人，才是真正優秀的女人。

第三、她們沒有貪欲——如果不是自己的東西，那你一定不要產生貪念，更不要迷戀別人所擁有的東西。是你的，總歸是你的；不是你的，再怎麼爭，怎麼搶也不可能是你的。如果產生了貪念，除了加重你的精神壓力，帶給你無窮無盡的煩惱之外，什麼也得不到。

第四、她們都是擁有自由靈魂的神祕女子——如果一個人的靈魂不自由，那麼即使行為看似自由，也不是一個真正自由的人。只有先把自己變得如空氣般自由，別人才想要進入這一團屬於你自己的空氣之中，如果你變得像有毒氣體般的那樣沉重，誰還會想在你身邊逗留？要想享受真正的自由，首先就要使自己的靈魂得到自由。

第五、她們都認為人生就是一次旅行——我們的人生之路其實就是一段旅程，我們生活在這個世界上，其實就是在進行一次短暫的旅行。行囊越重，肩膀就越酸，腳步也會漸漸的沉重。所以，想要繼續旅行的話，背上的包袱就不要太多了。

第六、她們承認人與人之間存在差異——有時候，對於一件事，誰對誰錯是誰也無法說清楚的。每個人都有自己的想法和價值觀，而每個人的想法和價值觀也必定不盡相同。所以，千萬不要試圖強與自己保持一致而迫對方改變價值觀。如果永遠不能承認有不同的價值觀，那麼你將永遠得不到真正的自由。

第七、她們懂得休息的價值——漫長的一生中，休息就是為了做得更好，只有懂得適時休息，才可以更進一步。懂得休息的價值和靈活運用休息時間的女人，遠比那些拼命想要再多賺一分錢的女人更幸福，人生也更精彩。但是，只懂得休息而不會工作的人就像是沒有發動機的汽車，可以說一點用處都沒有。我們既要做一個認真的女人，又要做一個懂得放鬆的女人。

Part 7

凡事都往好處想

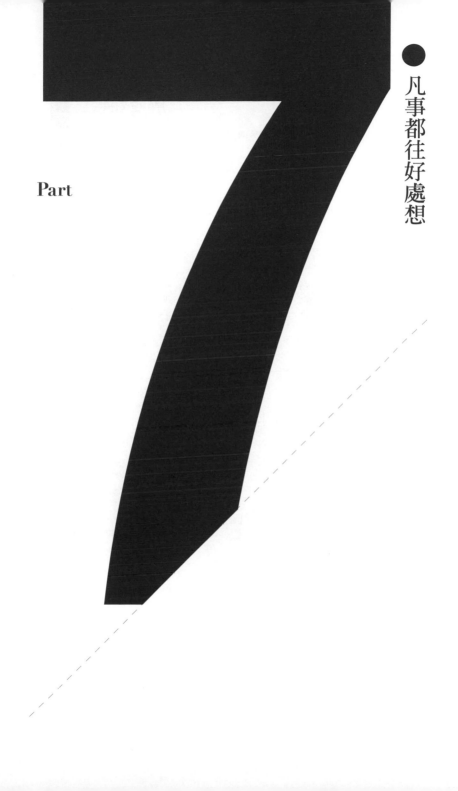

Chapter 1. 解憂娃娃

——憂愁和擔心永遠離你而去的印第安傳說

時間是無比寶貴的東西，任何東西都無法與之交換，而我們卻都喜歡把時間浪費在那些一年後便會忘得一乾二淨的悲傷上面。正是因為我們過於謹慎，人生才會顯得如此的短暫。

有一天，一個美麗的印第安少女輾轉反側地難以入睡。爺爺看到後，關心地問她怎麼了？少女坐了起來，皺著眉頭，似乎很矛盾地回答道：「我不小心把媽媽最珍愛的東西碰碎了，因為擔心媽媽明天看到後會生氣，所以就一直睡不著。」

聽到少女的話，爺爺從箱子裡拿出了一個布娃娃，遞給了她，然後說道：「孩子，這個布娃娃叫解憂娃娃。在睡覺之前，你可以將自己的苦惱全都說給它聽，求它幫助你減輕苦惱，然後你在睡覺的時候，再把它放到枕頭底下，這樣等到你明天起來的時候，你的苦惱就會消失了。」

「爺爺，這是真的嗎？」

「在我們印第安部族裡，每個人都擁有一個這樣的布娃娃。如果在生活中遇到了煩惱，我們就會讓解憂娃娃幫助我們減輕煩惱。等到第二天的時候，所有的事情就都變得比較容易解決了。」

少女相信了爺爺的話，欣喜地向布娃娃訴說了自己的苦惱，然後將它塞進了枕頭底下，放心地睡著了。

解憂娃娃的這個傳說是被生活在瓜地馬拉高山地帶的印第安人代代相傳下來的，每當遇到一些難題，或者因為頻頻想起自己的失誤而苦惱時，這裡的印第安人就會向解憂娃娃訴說，然後再把它塞進枕頭底下，放心地睡去。他們相信，趁主人睡覺的時候，解憂娃娃一定會解決主人所遇到的難題。

在這個世界上，真正的問題並不是那些無法解決的難題，而是人們在面臨困難時不能自持的心理。換句話說，我們面臨的那些問題都是可以解決的，當遇到難題時，我們絕對不能產生如——「為什麼只有我才遇到這種倒楣事」的心理而一蹶不振，應該時刻保持樂觀的情緒，比如常常以「這太簡單了」等的想法鼓勵自己。

一般來說，我們看待別人的問題時總會覺得輕易地就能解決。事實上，我們自己的問題也是如此，肯定能找到解決的方法。如果只沉浸在無用的擔心之中而無法自拔的話，那就是在浪費生命。

悲傷屬於那些只會擔心的弱者，而幸福則屬於堅信可以解決一切問題的強者。讓我們轉起快樂的輪盤吧，憂愁和擔心將會永遠離你而去！

Chapter 2. 注滿希望

——一個百歲女人瑞的故事

只有讓自己的生活充滿希望，充滿快樂，才會擁有一個燦爛的人生。

在一個偏僻的山村，住著一位孤苦伶仃的老奶奶。在她26歲的時候，丈夫外出做生意，卻一去不返。是死在了亂槍之下，還是病死在外，還是像有人傳說的那樣被人在外面招了養老女婿，都不得而知。當時，她唯一的兒子只有5歲。

丈夫不見蹤影幾年以後，村裡人都勸她改嫁。沒有了男人，孩子又小，這守寡得守到什麼時候？然而，她沒有改嫁。她說，丈夫生死不明，也許是在很遠的地方做了大生意，說不定哪天就回來了。她被這個念頭支撐著，帶著兒子頑強地生活著。她甚至把家裡整理得更加井井有條。她想，假如丈夫發了大財回來，不能讓他覺得家裡這麼窩囊寒磣。

就這樣過去了十幾年，在她兒子17歲的那一年，一支部隊從村裡經過，她的兒子跟部隊走了。兒子說，他要到外面去尋找父親。

不料兒子走後又是音信全無。有人告訴她說兒子在一次戰役中戰死了，她不信，一個大活人怎麼能說死就死呢？她甚至想，兒子不僅沒有死，而是做了軍官了，等打完仗，天下太平了，就會衣錦還鄉。她還想，也許兒子已經娶了媳婦，給她生了孫子，回來的時候是一家子人了。

儘管兒子依然杳無音信，但這個想像給了她無窮的希望。她是一個小腳女人，不能下田種地，她就做些繡繡花線的小生意，積累錢財。她告訴人們，她要掙些錢把房子翻蓋了，等丈夫和兒子回來的時候住。

有一年她得了大病，醫生已經判了她死刑，但她最後竟奇蹟般地活了過來，她說，她不能死，她死了，兒子回來到哪裡找家呢？

這位老人一直在這個村裡健康地生活著，已經滿百歲了。直到現在，她還是做著她的繡花線生意，她天天算著，她的兒子生了孫子，她的孫子也該生孩子了。這樣想著的時候，她那佈滿皺褶的滄桑的臉上，即刻會變成像繡花線一樣絢爛多彩的花朵。

這是一個多麼溫暖的故事——關於我們女人！當你想到這位老人，會不會有無限的感慨呢？一個希望，一個在世人看來十分可笑的希望，一直滋養著她的人生，支援著這麼一個脆弱的生命在蒼茫的人世間走了幾十個春秋——再沒有什麼比希望更能改變我們的處境。

當我們處於厄運的時候，當我們敗下陣來的時候，當我們面臨一場巨大災難的時候，我們都應該將人生寄託於希望。希望會使我們忘記眼下的失敗和痛苦，給自己的人生重新插上飛翔的翅膀。

Chapter 3.

消極不得

——壞想法如同飛鳥一樣不可阻擋

消極的想法是讓人走向黑谷底的捷徑。

某銀行的全體職員一起去開研討會，經理下達了一個指示：每一個職員必須在旁邊的一百個包袱裡選擇一個，並且在兩天的研討會期間都要隨時拎著。

茱麗葉是一個每天都抱怨不斷的老姑娘，她一直認為自己是一個很倒楣的人，對什麼事情都看不順眼很煩躁。按照經理的指示，茱麗葉也拿了一個包袱，覺得這個包袱比想像的重。看著那些拎著包袱談笑風生的其他職員，她心裡想：我拎著的包袱一定是最重的。這樣想著，她心裡自然很不開心，「我怎麼總是這麼倒楣，真希望研討會早一天結束」的抱怨，又開始在她的心裡重複。

夜裡，等大家都睡著後，茱麗葉悄悄地去了堆著包袱的地方。摸著黑，她一個一個地拎著試，終於找到了一個最輕的包袱，然後她在上面做了一個只有自己才知道的記號後，回去睡覺了。第二天早上，在拿包袱的時候，茱麗葉衝上去，拎起了自己做了標誌的包袱。但是，她驚奇地發現，這個包袱就是前一天她自己一直拎著，時時抱怨太沉的那一個。

在美國拉斯維加斯學習酒店管理的克莉絲汀，有一個在服裝企業做副社長的父親，和一個在清潭洞經營一家美容院的媽媽。在別人眼裡，她是一位非常幸運的女孩子，不僅長得漂亮，而且學歷又好，再加上響叮噹的家庭背景，不知道有多少人羡慕她。

可是，什麼也不缺的她卻看不到自己的優勢，看不到別人對自己的羡慕。她對自己極不滿意，比如，她總是抱怨自己的個子為什麼沒有模特兒那麼高；吃飯的時候，總是害怕吃多了一點就發胖，常常不敢多吃；自己不好好學習，卻擔心考試考得不好，不能畢業……

被這些想法困擾著的她，每天都過得很陰鬱。因為從來都不對自己所擁有的一切感到滿足，所以心裡總是有很多抱怨。在別人看來，原本應該很幸福的她一點都不幸福，甚至那些因為她的美貌而接近她的男士們，也總是熬不過三個月就離開她了。

在人的一生中，誰不會碰到一些不順心的事情呢？偶爾產生一點鬱悶也是很正常的。但是，總覺得自己運氣不好、很倒楣的人就有問題了。其實，想法都是人自己想出來的，而那些不好的想法自然也是人們自己心中所想出來的怪物。

洛克醫生說過，有一種病比癌症更可怕，那就是常常抱怨和不滿。樂觀的人能在所有的困境中看到機會，而消極的人即使身處千載難逢的機會當中，也只能看到困難。

如果你的周圍有一些時刻都很消極的人，那麼就請你遠離他們吧，因為消極的想法就像傳染病，是會轉移的。如果長時間待在他們身邊，那麼，你也會在不知不覺中陷入否定的思維當中。所以，請你盡可能地和那些樂觀的人交往吧！

另外，請你要遠離那些對你想做的事一味地說：「那是行不通的，那是不可能的」的人吧，他們說的話絕對不是為了你好，因為真正為你擔心的人，是給予你「激勵」和「忠告」的人。

我們不能抵擋小鳥從頭頂上飛過，但是卻可以阻止牠在我們的頭頂上搭窩。壞想法如同飛過頭頂的小鳥一樣不可抵擋，但是，不讓壞想法在頭腦中萌生卻是每個人都可以做到的。

Chapter 4. 用智慧生活

——為什麼顧客都喜歡找艾麗莎・巴倫

擁有美國好樂公司30億美元資產的副總裁艾麗莎・巴倫，20歲時曾當過一家糖果店的店員。來店的顧客特別喜歡她，總是等著她給自己售貨。有人好奇地問艾麗莎：「為什麼顧客都喜歡找你，而不找別的小姐，是你給的特別多嗎？」艾麗莎搖搖頭說：「我絕對沒有多給他們，只是別的小姐稱糖時，起初都拿得太多，然後再一點點地從磅秤上往下拿。而我是先拿得不夠，然後再一點點地往上加，顧客自然喜歡找我了。」

她抓住了人們心理的微妙變化。一點點地往上加，比一點點往下拿，看在人們的眼裡，心理上可要舒服得多。

防禦洪水，不能一味地堵截，而是要善於疏導。教育人亦是如此，正面的訓斥，只能加重他們的逆反心理，而迂迴的策略，會使他們心甘情願地服從。

有一天，達偉爾和女友珍妮出去吃飯，車窗外風和日麗，他倆的心情都好極了。

「今天我又做了一件好事。」達偉爾把音響的聲音轉小，很得意地對女友說。

「什麼好事？」

「你知道那個小科恩吧！」

「小……科恩，噢，就是你們銀行櫃檯那個新來的行員。」珍妮的記性不錯。

「是啊！」

「那人看起來呆呆的，是不是出什麼事了？」

達偉爾抿抿嘴，把一抹得意的笑容抿上嘴角：「那還用說，今天嚇得他老兄差點尿了褲子。」

「怎麼了？」珍妮的興趣提高了。

達偉爾點點頭說：「今天他忙昏了頭，竟然多給一個提款的客戶一疊鈔票。這一疊就是五千塊美金。」

「天啊！那他不是賠死了。那麼能不能找得到那個客人啊？」珍妮十分同情地說。

「就算找得到，他也不見得會承認呢！」達偉爾說。

「那慘了，小科恩只好認賠了。」

「嘿！有我這個智多星在，他慘不了！」達偉爾神氣活現地說。

「小科恩哭喪著臉來找我商量，於是我出了個主意，對他說：『有存摺就有客戶資料，你就打電話給那個客戶，對他說你不小心多給了他一萬塊美金。』」

「一萬塊？不是才五千塊嗎？」珍妮插嘴。

「別急，你聽我說嘛！小科恩就照著我說的打電話給客戶。結果不出所料，那位客戶一聽，想也沒想馬上脫口而出：『一萬塊？我只看到多了五千塊啊！』」

記住下面一個原則——

傻子靠訴苦生活，聰明人用智慧生活。

Chapter 5.

補償與回報

——關於女人生命的物質守恆定律

人們總是說付出就會有回報，但是很多時候，我們的付出並沒有得到對等的回報。甚至壓根就沒有回報，更糟糕的是，很多時候，我們的一片苦心會遭受打擊和磨難。但是，請你牢記：失去的都會得到補償。

著名女影星凱薩琳・赫本保持著一項特別的紀錄：她一生離過六次婚，至於經歷的愛情當然更難以估算；但從來沒有一個人證明赫本曾經求助於心理醫生。

一位經驗豐富的心理醫生不由得感歎：「對於那個年代的演藝界的明星來說，赫本確實創造了一個奇蹟。」這位醫生在半夜經常接到許多著名主持人和影視明星的電話，請求他給予心理上的幫助。這些人富有、漂亮、英俊，擁有名譽、地位和眾人的崇拜，他們應該是上帝的寵兒，但是他們卻無一例外地遭受著無法自拔的心理痛苦。

「為什麼赫本沒有呢？她看上去是這麼柔弱，更何況她還經歷了這麼多的痛苦？」這不僅是心理醫生的疑惑，也是大眾的疑惑。

來看看有關赫本的報導——

赫本曾經悄然地隱退出演藝圈，時間長達八年，而對於一個在好萊塢大紅大紫的影星來說，息影一年的損失相當於洛克菲勒家族在田納西州封存一口油井。

赫本曾做過67次親善大使。

赫本在一九五三～一九六三年的十年時間裡，堅持每個月到監獄、醫院，和貧民窟做義工，或者護理服務。

赫本曾經謝絕貝爾公司一小時5萬美元的慶典邀請，而去孤兒院看望可憐的孩子。

或許這些事實能夠給赫本的紀錄以最好的解釋。很多心理醫生受此啟發，建議他們特殊的病人參加公益事業，後來發現這些病人漸漸消除了煩惱和焦慮，他們變得豁達、樂觀，很快就不用求助心理醫生了。

雖然他們在慈善事業和公益事業上付出的時間、精力和金錢沒有得到物質的回報，但是他們的勞動卻得到了精神的愉悅，其價值甚至遠遠超過金錢的回饋。

世界上存在著一條定律：物質不滅定律。當你的付出沒有得到物質上的回報，並不意味失去，即使失去也會得到補償，不過是另外一種形式，一種更加高貴的形式。

Chapter 6.

沉重的包袱

——身高只有一米六的女球員的追夢啓示錄

在命運的面前，我們還能說什麼？無奈、歎息、憤懣，抑或是坦然、平靜？不，這都不應該是我們女人的選擇，女人要善待生命，敢於向命運說「不」。

若你歷經艱難險阻，卻發現自己不僅沒有到達目的地，反而迷失在路途上時；若你夜以繼日地苦讀，卻總是與理想的學校無緣時；若你辛辛苦苦、兢兢業業地奮鬥換來的卻是一無所有時；若你願意赴湯蹈火、一生相守的他毅然決然地離你遠去時；若你被突然而來的災難砸得麻木、失去知覺時，你都不能懼怕命運朝你做出的猙獰鬼臉。

因為有時候你也能獲得意外的財富，比如無心而贏得一筆大獎，比如得到豐厚的饋贈，比如突然間，由一隻「醜小鴨」變為翱翔天空的「天鵝」。這個時候，命運就像是一個奇妙的精靈，向你現出了美麗的微笑。

沒有一個人能在完全的好運中度過一生，每個人都會遇到壞的命運，都需要面對災難，只是我們對它的態度不同罷了！

有個女籃球明星。她身高一米六，是她所在隊最矮的球員。她從小就喜愛籃球，可因個子不高，夥伴們都不喜歡她。

有一天她傷心地問媽媽：「媽媽，我還能再長高嗎？」媽媽鼓勵她說：「孩子，你能長高，長得很高很高，會成為一個大球星。」從此，她的心裡充滿著長高的美夢。

業餘球員的生活即將結束，她面臨著嚴峻的考驗：只有一米六的身高，能打好職業球賽嗎？但是她非常自信，她說：「別人說我矮，反而成了我的動力。我偏要證明矮個子也能做大事情。」於是，在各個賽場上，人們都能看到巔峰狀態的她，從下方來的球90％都被她截走了。

越是個子矮越是能飛速地運球過人。她始終牢記當年母親鼓勵她的話，雖然她沒有長得很高很高，但可以告慰她母親的是：她已經成為人人都知道的大球星了。

對生活失去勇氣和希望，是最可悲的！

只要還有一線希望，我們都應該努力抗爭，永不屈服！因為當我們選擇認命的時候，其實是想逃避現實，因為我們覺得，將要面對的是沉重的壓力，可是我們忽視了，在認命的同時，我們就已給自己背上更沉的包袱，而且這種包袱，隨著歲月的流逝，會更使你感到窒息。躲避了一時，又怎能躲過一世呢？

Chapter 7. 童心未泯

——重擔之下的女人如何進入幻想世界

聰明的女人就是在歷經了生活的艱難困苦之後，依然擁有一顆純真童心的女人。她們是真正意義上的貴族，她們知道「童心」是靈感的源泉，她們是你所接觸過的最幸福、最有活力的女人。她們比普通人更知道怎樣讓自己內心的孩子出來亮相。

早上醒來，她們能夠傻傻地肆無忌憚地笑，就像回到了天真爛漫的孩童時代；她們能夠完全地沉浸於自己的幻想中，就像她們在孩提時代常常走神一樣。她們清楚真正的生活不是整天工作和奔波，她們喜歡對生存保留一種孩子似的天真和好奇。

事實上，你自願回到兒童般的狀態中，像孩子一樣去開懷大笑，像孩子一樣熱愛幻想，並不意味著你必須放棄當一個成年人。它僅僅意味著讓你更自由自在一些，讓你摘掉成年人的面具，發自內心地讚歎整個世界。去盡情享受當孩子的樂趣吧，孩子氣就好像大熱天裡的清涼飲料一樣，讓人心曠神怡。

作為一個女人，無論處於如何艱難的境地，每天早上起來，你都可以暢快地笑，可以允許你自己享受有趣的幻想，以及精神健康的好處。你可以寫下20件長期以來夢寐以求的事情，不論是參加馬拉松比賽、上電視，還是訪問。然後劃去那些看起來在短期內無法實現的幻想。最後你至少會得到一項你今天就可以實現的夢想。馬上去實現它吧。然後再開始計劃第二件最切實可行的事。慢慢地，你就會實現許許多多看來幼稚可笑的幻想，而且大部分都會被證明是實實在在的成就。

童心是生產樂趣的工廠，治療憂傷的靈藥，流淌幸福的源泉，童心不老的奧妙在於擁有童趣的沃土。一切有生命力的東西，都是童心的驅使。保持一顆單純而快樂的童心，是自我心理的需要，更是調節心理的良劑。

人類最好的品質都是在孩子身上。在社會生活的紛紛擾擾中，在工作責任的重重壓力下，拾起久違了的童心，你會發現那是多麼的可貴。

童心是自然的天性，是毫無裝飾的美麗。一顆童心就是一個絢爛多彩的世界。只有長大成人並保持赤子之心的女人，才是真正自信、真正美麗的女人！

Chapter 8.

遠近親戚

——衣衫襤褸的猶太鬼憑什麼變成了士兵大款

一切精神的滿足都離不開物質的先決條件。現實中的幸福和尊嚴，都和經濟有著很大的瓜葛。對於女人來說，無論你認為人生中最幸福的是什麼，如果你沒有錢，那麼，你的幸福是有缺陷的。

第二次世界大戰時，駐日本的聯合國某司令部裡，有一個名叫威爾遜的猶太人。因為軍銜較低，收入微薄，他受盡了白人士兵和高級軍官們的歧視。很多人都看不起他，還在背地裡叫他猶太鬼。飽嘗了侮辱和生活艱辛的威爾遜，為了改變自己的命運，開始省吃儉用，積攢一小筆錢，然後他利用自己聰明的頭腦，將這些錢都借了出去。

在當時，白人士兵在花錢時大手大腳，很快就會阮囊羞澀。他們見威爾遜有錢，自然就會向他借。當然，這些錢都附帶著高額的利息。不過那些士兵可管不了那麼多，他們只求能解燃眉之急。

於是，威爾遜就這樣，在收到利息之後繼續進行放貸，借給其他士兵，久而久之，威爾遜便成了士兵裡面的大款。人們再也不敢說他的壞話了，他們只會對威爾遜羨慕不已，因為威爾遜靠放貸過上了富裕的生活。

後來，當威爾遜回憶起在軍營裡最難忘的時間時，他說：「我仍深深的記得，我曾衣衫襤褸，連在人前抬頭的勇氣都沒有。那段時間，我至今都無法忘記，因為只有這樣，我才會深深體會到，現在的生活是多麼地幸福！」

富有是近親戚，貧困是遠親戚。在現實的社會中，只有有錢的女人才可能最大程度地擁有尊嚴和幸福，那些沒錢女人的生活幸福感肯定會大打折扣的。

收入越高，越有錢的女人，越感到幸福。通常月收入不高的女人大多感到不幸福，隨著收入的逐漸增加，富裕程度增加，女人的幸福感也逐漸增加。對於女人來說，財富和幸福之間的關係，已是顯而易見的。

現實也早已證明，有錢的女人，就可以擁有更多的享受時間，可以擁有更多的鍛鍊時間，可以生活得更舒適、更安逸。而當這些因素全部轉化為人的內心活動、轉變成幸福指數被反映出來時，就足以說明，有錢的女人能生活得更幸福。

Chapter

9.

理財意識

——關於提升女人財商的若干建議

事實上，錢多錢少都需要進行一定的理財規劃。會理財的女人就如同一朵永不凋零的花朵，嫵媚動人，一生注定因為理財而變得更精彩。

女人在開始理財之前，應先建立正確的理財觀念。在生活中，要善於提升自己的財商，把幸福牢牢地握在自己手中。

那麼怎麼樣培養理財意識，把握自己的幸福呢？

首先，要摒棄保守——據調查，女性最常使用的投資方式是儲蓄和保險。這一投資習慣可以看出女性注重資金的安全感，不過通貨膨脹卻可以隨時將你的利息吃掉。

其次，要持之以恆——理財不是一天兩天的事情，不能只有三分鐘熱度，持之以恆，你才能體會到理財的樂趣。

再次，要理性當家——信用卡少刷，現金多用。管好卡記好賬，大額款項支出最好經家庭協商。理財從記帳開始。每天用簡短的時間記錄下當天的花費，這樣一個月下來再看記帳單時，保證嚇一跳——1000元的衣服、2000元的鞋、200元的電影票、800元的唇膏……平日的零星花費加在一起竟然那麼多！因此，制定一套用錢計畫很重要。你可以做一張月收入支出表，每個月先固定預存一筆錢不動，餘下的錢再按輕重緩急細分開支，比如家用、餐費等等，慢慢就能學會應該怎麼花錢才不會影響生活品質。

女人應該清楚認識到，攢錢是理財的起點。收入是河流，財富是水庫，花出去的錢就是流出去的水，只有留在水庫裡的才是你的財。要想攢好錢，就要養成量入為出的習慣。女人在消費方面的自制力會比男人稍差一點，但要讓一個女人完全向男人那樣去消費是不可能的，如果那樣的話，女人就不再是女人了，女人也就不再可愛了。

怎麼攢錢？方法很多。最簡單的就是用你的薪資做基金或者保險的定額定投，每個月定時定額地扣取一定費用，既能起到攢錢的效果，又能達到有所保障的目的。第二就是每月固定提取薪資的10%～20%，存入一個只存不取的帳戶，長此以往，就會有一筆額外的存款，在你真正急需用錢的時候雪中送炭。

對於女性來說，錢生錢是理財的重點，光會攢錢是不夠的，還要學會投資。然而，投資有風險。所以投資之前先做個投資風險承受能力測試，看看自己是屬於保守型、平衡型還是激進型的理財性格，然後再選取自己能夠承受的產品投資組合，這樣就不至於會在一定階段投資有虧損時，影響到自己的情緒。

Chapter 10.

對錢的感覺

——預測你未來會不會有錢的辦法

據說有一種辦法可以預測你未來會不會有錢，那就是請你回答你對錢的感覺。觀念會影響一個人的行動，對錢的想法必然會影響到你的錢途。

我未來會不會有錢？多數人都很關心這個問題。然而，很多女人心裡雖然喜歡錢，卻常鄙視有錢人——對錢有偏見的人，怎麼會有錢呢？

一位心理學家做過一個研究。她請作為研究對象的女人們造句：有錢人……？結果，抱怨自己所得很低的女人，總會寫出鄙視的形容詞，比如「不快樂」、「自私」、「壓力很大」；而同樣的句子，讓出類拔萃的女人填寫，她們卻寫出「幸運」、「自由」之類的形容詞。

這個研究很有趣，它暗示了一件事——如果你想要有錢，恐怕要心口如一。試想：你怎麼可能一邊想著賺錢，一邊卻對有錢人有那麼多的牢騷與偏見呢？

其實有經歷過貧窮、憑著自己努力才變得有錢的女性，都明白一件事情，有錢使她們過著比較有自信的生活，人有錢後也未必會想不開。有錢雖然未必會使她們一直覺得開心，但是曾經窮過、如今變成富有的人，沒有人想要再開倒車回到貧窮的時候。

你不愛錢，錢不愛你。沒錯，常常抱怨自己窮的人，對有錢人其實是很歧視的。比如：抱怨生意越來越不好的計程車司機，看著旁邊飛馳而過的賓士說：「裡頭坐的都是有錢的爛人。」埋怨藝術市場景氣不佳的藝術家，也常會鄙夷：「買畫的有錢人品味都不高。」自認為曲高和寡的作家們，也常理所當然地認為大多數讀者沒有水準……

常常習慣以歧視有錢人來表示清高的人，可能會在不知不覺間趕走了財神。把自己供在「可敬的窮人」這個牌位上的人，是很難跟貧窮脫離關係的。

一個人的觀念會影響他的行動，也會在冥冥之中左右著他的命運。想要有錢，不去除掉對錢的負面想法是不行的。何必對錢有成見？錢只是工具，如何使用工具，也決定於你的心態，你可以拿錢來成就自己的願望，可以行善，也可以讓世界更美好。

你不愛錢，錢不愛你。渴望愛情也一樣。如果想修成正果，對愛情必得有正面的看法：許多女人一邊叨念著：「男人都是些壞東西」，卻又渴望著有男人愛她——願望與觀念相反，如何得到愛情呢？有誰願意愛著不斷痛罵自己、認為自己很差勁的人？

你不愛錢，錢不愛你。渴望宏偉的事業也是如此。

Chapter

11.

生命的渴求

——威廉・葛理翰石油公司誕生內幕

一位妻子所能協助丈夫的，便是幫助先生找出對生命的渴求是什麼，然後與先生精心使用，實現這些理想。

合著《婚姻指南》的塞默和伊瑟克林，相信快樂的婚姻需要共同的理想。至於理想是什麼並不重要——一幢新房子，一趟到歐洲的旅行，或是一個大家庭——共同分享一個理想才是重要的。

「主要的是，」他們說：「對眼前有所希望，然後盡其所能使它實現。快樂、情趣、參與感由構思、幻想和希望得之，從共用勝利與失望、成功與失敗裡得之。」

一九五三年堪薩斯州的威廉・葛理翰夫婦的成功，便是基於這個道理。在威基塔，「威廉・葛理翰油料公司」是個逐漸受人重視的公司，負責人威廉・葛理翰便是主要功臣。他在還沒有過五十大關之前，已經可以從油料經營和投資中賺得可觀的淨利，葛理翰和他的夫人瑪瑞麗因此擁有許多令人羨慕的成果：六個孩子、健康、富有、漂亮的家居、有成就的事業——這一切他們仍能以未來的歲月去享受。

後來有人請教他成功的最大因素時，他回答說，「長期計畫和協調作業。」

他們夫婦倆成家沒多久之後，便開始做房地產生意，介紹房屋買賣，賺取傭金。除了成功的信念和埋頭工作之外，別無其他後援。他們的辦公室設在一幢辦公大樓的廢棄通道末端，瑪瑞麗在這裡負責聯絡，威廉便四處拉生意。開始的時候業務進展得很慢，這對年輕的夫婦時常精打細算——否則全家便要餓肚子。

當業務有了轉機之後，他們便自己出錢買房了，再脫手賺一筆。然後，他們就開始自己蓋房子。由於經營狀況太好了，威廉覺得應該加入一些新行業，免得他腐朽了。

經過幾次家庭會商，夫妻倆覺得石油生意更適合威廉。因為他渴望業務成長與交易的機會和挑戰。這是「威廉・葛理翰石油公司」誕生的情形，這個公司一直是非常成功的實例。

目前威廉正希望克服新的世界。他和瑪瑞麗正考慮國外投資的可行性。只要他們有了決定，他們便會讓它付諸實現。

當葛理翰夫婦為自己訂計畫選目標時，就時常考慮到威廉所受過的訓練、傾向和性情。瑪瑞麗說，威廉一旦實現了一項計畫，必須立刻再找到另一個挑戰性的難題，避免自己失去生活的樂趣。由於心裡有這種觀念，他們建立了另一種滿足生命的方式。

葛理翰夫婦的成功是一個人訂下計畫、實行計畫、直達目標的最好證明。沒有人能夠不瞄準便命中成功的靶心。即使他們會有一點偏失，但是這樣至少比我們閉上眼睛盲目射擊更接近靶心。

珍惜與善待

——一塊石頭為什麼被人們傳為稀世珍寶

Chapter 12.

珍惜和善待生命，就是善待自己。它能讓痛苦和煩惱遠離人的一生，讓人在恬靜的生活中感知生命，它讓人走過無痕的歲月而無悔無憾。

人生是沒有後退的生命之旅，面對神聖和有限的生命，女人更要珍惜和善待生命，尋找屬於自己幸福的人生。我們要靜靜地思考生活，細細地品味生活，在淡然豁達中享受生活，讓自己活得精緻而有意義。

有一個生長在孤兒院中的小女孩，常常悲觀地問女院長：「像我這樣沒人要的孩子，究竟活著有什麼意思呢？」

女院長笑而不答。有一天，女院長交給女孩一塊石頭，說：「明天早上，你拿這塊石頭到市場上去賣，但不是真正賣掉它。記住，無論別人出多少錢，絕對不能賣。」

第二天，女孩拿著石頭蹲在市場的角落，意外地發現有不少人好奇地對她的石頭感興趣，而且價錢越出越高。回到院裡，女孩興奮地向院長報告，院長笑笑，要她明天拿到黃金市場去賣。在黃金市場上，有人出比昨天高10倍的價錢來買這塊石頭。

最後，院長叫孩子把石頭拿到寶石市場上展示，結果，石頭的身價又漲了10倍，由於女孩怎麼都不賣，竟被人們傳為稀世珍寶。

女孩興沖沖地捧著石頭回到孤兒院，把這一切告訴給院長，並問為什麼會這樣。

院長沒有笑，望著孩子慢慢說道——

「生命的價值就像這塊石頭一樣，在不同的環境下就會有不同的意義。一塊不起眼的石頭，由於你的珍惜，惜售而提升了它的價值，甚至竟被傳為稀世珍寶。你不就像這塊石頭一樣？只要自己看重自己，自我珍惜，生命就有意義、有價值。」

女人，倘若你自己把自己不當回事，別人自然也瞧不起你。生命的價值首先取決於你自己的態度。珍惜獨一無二的自己，珍惜這短暫的幾十年光陰，然後再去不斷充實、發掘自己，最後社會才會認同你的價值。

與浩渺的世界比較，人的生命是如此的短暫。有時生命脆弱得僅在呼與吸的瞬間。所以，追逐幸福的女人們，一定要珍惜自己，善待生命。

Chapter 13.

你就是你

——黎巴嫩作家紀伯倫關於洞察心靈的忠告

「自我認識」是個艱難的過程。

黎巴嫩著名作家紀伯倫說——

「我必須認識我自己，洞察自己那祕密的心靈，這樣我便能拋棄一切恐懼和不安，從我物質的人中找出自信，從我血與肉的具體存在中找到我抽象的實質，這就是生活所賦予我的至高無上的神聖使命。」

完成這一神聖使命，其意義是非凡的，從自身的角度來說，認識自己，才能揚長避短，從他人，從社會角度來說，了解自己要以別人為標準，反過來，認識別人也常常要以自我為參照。如果不認識自我，缺乏「將心比心」的能力，便很難理解和取悅他人。

因此，作為女人的你，應首先認識自我，從而避免缺點外露，並找到屬於自己的那種信心。

卡耐基夫人認為，女人要成為自己，要有自信心，應該與怯懦作戰，克服自身的弱點，完善自己的心靈結構。

如此快言快語是酣暢，大有石破天驚之氣概，同時，也點中了成功之要害，指明了思想的動力。

卡耐基夫人又說——

「女人自有女人的力量，在頭腦，不在四肢，自信能為你撐起一片天。本質上你是個溫柔的女孩，就做個溫柔的妻子；本質上是個獨立的女孩，就做個獨立的妻子；本質上是個聰明的女孩，就做聰明的妻子……最關鍵的是：你就是你。」

夢想在呼喚著我們每個人，它能給我們無窮的享受。

夢想是進取精神的基礎，有了夢想，進取方變得具有現實意義。讓心靈在進取的海洋上揚起風帆，向生活的最深處推進。

夢想是進取精神的催化劑，人們因為有了夢想，進取才找到了支點，而後站在槓桿的另一端，將生活撬起來。

在人的心靈中，進取精神是不可缺少的，離開了進取，人的自信就會變成輕狂，失去現實的根基，就變得虛無縹緲。

夢想實際上是一種人的目標意識，它與人的進取精神緊密相連。人們可從中受到的啟發是，夢想是對自己現實生活的指導，進取是對實際工作的牽引力。

Chapter 14. 放棄自戀

——一個人想和另一個人交往的主要原因

女性一天之中不知有多少時間是在面對鏡子看著自己的容顏。女性面對鏡子並不只是限於早上化妝的時候。很多女人都會在約會、宴會之中離開座位，跑到洗手間的鏡子前去整理自己的妝容。還有，站在櫥窗前出神的女性，也都是看著玻璃上反映出來的自己的臉。

「女性看鏡中的自己，並不單單是看著自己的容姿，也是審察一下自己是以什麼樣子給別人看的。」的確，女人是在鏡前，由「他人的眼光」的介入而得到喜悅。他人的眼光也並不一定是愛人的，這是更多的「第三者」，她意識到別人的眼光正在看著她。

在女性的性格中，都有自己喜歡的方面，也有不喜歡的方面。有時我們力圖掩藏我們認為不愉快或者醜陋的方面。有一個保證這些方面不被看出的方法，就是和一些看起來具有一些我們希望具有的品質的人交往。這就是說，我們願意自己成為什麼樣的人，我們就喜歡和這樣的人交往。

我們可能選擇具有我們喜歡自己身上也有的特點的人作為伴侶。我們喜歡一些人是因為他們的穿戴，他們的眼光，他們從事的工作，他們思考問題的方式，他們的政治前途，他們所駕駛的車輛的類型，他們的口味，他們的文化興趣、體育興趣等等。我們希望和這些人更接近，是因為我們喜歡與他們有關的所有這一切。這類東西通常是反映了我們所喜歡的東西，或者說體現了我們力求達到的狀況。

女性透過鏡子完全可以得到自戀的感覺，而透過身邊的人例如丈夫、兒女這面大鏡子，她可以尋找到自己在生活中的位置。當然，對於欲望較強的女人而言，自戀乃是第一需要。

一個人想和另一個人交往，只是因為那個人具有他自己所缺乏的特點。例如，丹尼爾是一個極端內向的人，他非常靦腆，在自己周圍築了一道嚴嚴實實的屏障。他愛上了辛西婭，一個看起來特別友好、溫暖和樂善好施的人。她總是善於使別人感到輕鬆，對於她來說，社會交往是舒適而愉快的。辛西婭的開朗看起來在他身上留下了痕跡。有她在身邊，在社交場合他感到更加安全。在這種關係中，自戀的需要的確在兩方面起了作用，因為事實上辛西婭是不受任何控制，而且「無處不在」的。

同辛西婭和丹尼爾情況一樣，這類情侶看起來是很般配的，但是他們所看到的互補品質實際上比上述的要多。兩人都是出於無意識需要，而對另外一個人品質的特徵和心理模型做出反應。在尋求和選擇對象時，無意識過程的威力是令人吃驚的。

「天作之合」的成語描寫了一種良好的配合。兩個人，各人有各人的心理狀態、各人的感情歷史和現狀，各人有各人的需要和期望，但最後都走到一起來了。

Part 8

婚姻診所

Chapter 1.

婚姻煩惱

——如何對待「應該如何」的信條

婚姻煩惱的一個最普通的原因是基於這樣一種感覺，即自己只是丈夫或妻子的附屬品。由於感到自己是附屬品而導致的惱怒是造成頭腦遲鈍的一個主要原因。這裡，必須再一次強調，大多數的反應遲鈍都源於一個人的自我要求，而這種自我要求可能受他人的影響。如瑪麗不取悅她的丈夫，不想做「花瓶」，那麼約翰能理解嗎？他們能否商量出一種方法，讓妻子盡可能從做「花瓶」、從取悅丈夫的境地裡，得到滿足。

很不幸，許多婚姻中串聯著一套又一套的「應該怎樣怎樣」，夫妻應該共度週末，丈夫應該常常待在家裡，妻子該負責烹調，男人應該是強壯的，妻子應該始終忙忙碌碌，夫妻應為孩子做出犧牲，夫妻在週末晚上該做點特殊的事，等等。

這些「應該」的信條，使你不能過上實在的、開放的生活。如果沒有打亂家庭的計畫，一個妻子為何不能離開她的家庭去獨自度個週末呢？如果妻子對某部電影不感興趣，丈夫為什麼不能一個人去看呢？可能對一對夫婦來說，最富有建設性的行為乃是去掂量掂量他們那些「應該如何如何」的信條的優劣，去尋找出一種能夠改變他們生活方式的方法來。

如果你丈夫很壓抑，你怎麼辦呢？畢竟，他的煩惱十分需要宣洩，需要傾吐。他能夠找到一吐為快的人？你能否分擔他的煩惱？你能以友好的、而非惡意的方式去對待他的煩惱嗎？你能否在你們產生矛盾的問題上做出些妥協、以減少他的煩惱嗎？你能想法減少他思想上的壓力，從而讓他少受到煩惱的折磨嗎？你能放寬你對他的要求嗎？

男人同女人一樣也有矛盾的「應該怎樣」的信條。同女人一樣，男人中也有專橫的，自謙的，與世無爭的各種類型。男人會感到滿足，也會感到內疚。這是因為他們並不靠他的「應該怎樣」的信念生活。他們的這些信條常常是變化的，矛盾的。

正像壓抑是會「傳染」的一樣，勃勃的生氣也有很強的感染力。如果你開始振奮起自己，改變你自己的生活態度和生活目標，這就會潛移默化地改變你的丈夫。如果在你的感動下，你丈夫有了轉變，當然好。但如果他依然故我，你怎麼辦？結束你們的關係？或者，仍舊拖下去？

太多的女士覺得自己有依賴丈夫的情緒，這很不幸。甚至你的丈夫壓抑並且暫時還無計可施，你也沒必要為此吃苦，大傷腦筋。你仍然可以從你的事業與愛好中尋得滿足和愉快。你並未讓丈夫套上鐐銬，認識到這點就是你的再生，也就是你新生活的開始。

Chapter 2.

吃虧的女人

——同居生活與婚姻生活的最大區別

現代年輕人「同居」已成為一種很普遍的現象，大多數關係好的戀人在沒有結婚之前，就很自然地住到了一起。但是，同居生活與婚姻生活，還是有很大的區別。

也許，有的人認為，兩者的區別僅在於那一張證書而已，可事實上卻並非如此簡單了事。

雖然，同居生活中也有甜蜜的愛情，但當激情逝去時，留下的可能只有青澀的回憶。

同居生活對於男人而言，是最大的受益者，既沒有嚴格的束縛，也無需承擔太多的責任，同時，還可以享受家庭帶來的全部便利和樂趣。而女人則要面對許多麻煩，很多女性困在同居男友不願意結婚的籠子裡，痛苦、鬱悶。

大多數女人選擇同居，都以為把握住了愛情，她們帶著美好的願望，一心一意地經營著同居天地，雖然沒有那一紙婚姻的契約，但是，她們還是和所有戀愛中的女子一樣，渴望著天長地久，等待著婚姻的實現。

誰知，男友早已失去了天長地久的打算。女人這才猛然發現，原來這個男人根本不願意結婚。

女人把自己的青春付諸於一個男人身上，到最後，男朋友卻對她說，自己不想結婚，或者說，他喜歡上了其他的女人。

在同居生活中，女人的許多美好願望都會漸漸破滅，到了最後，不得不帶著支離破碎的心離開。

同居中的男女，雙方都留有餘地，隨時可以撤退，他們不大可能像婚姻中的男女那樣，真正去面對和解決共同生活中所產生的衝突，因此，所謂「試婚」其實只是一種虛幻的假象。

正因為如此，女人往往不敢也不願正視衝突，遇到矛盾時，往往會採取迴避態度，久而久之，積壓的問題越來越多，最後突然爆發，於是夢想破碎勞燕分飛。

一位始終對愛情忠貞不移的女人，經歷了三次同居，每一次同居，她都用情太深，可每一次分手，她都受傷太深。

每一次同居前，她都抱著可以與對方長相廝守的決心，小心翼翼地珍愛著每一段感情。可是，理想總是很難變成現實，同居帶給她的不是快樂與幸福，而是反覆的折磨與煎熬。

戴爾・卡耐基夫人說，戀愛中的男性多希望「佔有」對方，而女性則希望能完全與對方「融合」。女性對異性產生感情後，情感漸趨濃烈，繼而產生依賴；而男性則不然，他們的性指向比較明確，一旦達到目的，熱情就會減退。

所以，渴望擁有幸福的女人，不要總是活在自己營造的夢境之中，不要對同居寄予所有的希望，不要以為同居必然會給你帶來幸福的婚姻。

Chapter 3. 嘮叨女人

——為什麼女人對老公嘮叨不停

女孩子在20歲當新娘的時候，如果只曉得常常嘮叨，埋怨老公不知在什麼時候才能住進新房子，那麼等她到了40歲的時候，一定會變成一個無可救藥的、對任何事情都不能滿足的、毫不可愛的「抱怨專家」。

夫婦在婚後的共同生活裡，很少不吵幾次架的。心理健全的人，可以承擔一般的爭執而不會產生情感的裂縫。但是從未停止的、毫不放鬆的長期嘮叨所產生的壓力，常常會拖垮最具進取心的精神。

不管一個男人曾經做出什麼大事業，如果他每天晚上回家後碰到的都是那個嘮叨、挑剔的太太，相信他很快就會從寶座上被拉下來。

為什麼女人要對她們的老公嘮叨不停？原因很多。

一、有時候，嘮叨是一種身體不舒服的症狀——時常找醫生做健康檢查，可以使人我們身體健康，這就像時常檢查我們的汽車，能夠使它們維持良好的駕駛狀況那樣。

二、長期的疲乏，常常會轉變成一種嘮叨的傾向——治療的方法是，把這個人的生活安排得更有效率些，找出造成疲乏的原因，並且消除它。

三、受到壓抑和打擊，也常會造成嘮叨——婚姻問題，性的挫折，愛的失落，內心對生命的不滿——這些典型的打擊，他們常常以嘮叨、埋怨或訴苦的方式發洩出來。

分析一個人的心理，找出這些打擊，並且引導他們發洩出來。做一些有關這方面的事情，是消除它的最好方法。以嘮叨的方式來發洩，只不過是火上加油而已！

一位英國法官批准了一個男人和他那與人私奔的老婆離婚，但是卻把老公所要求的賠償金從七千英鎊刪減為了千一百英鎊。這位法官解釋說：「由於雙方的不和，老婆對於老公的價值，早就一年一年地遞減了。」

一名50歲的卡車技工僱了三名流氓殺死了自己的太太。為什麼？原來，他宣稱，他的太太一直不停地對他嘮叨和挑剔。

停止無休止的嘮叨，停止無休止的把老公與別人比較——一位智慧的老婆永遠是懂得讚美自己老公的女人。

Chapter 4. 被對方冷落

——所有兩性戰爭的共同點

女人大多有妥協的傾向。當她們展開一段新戀情時，為了保持戀情的美好，往往忽略彼此潛在的問題。

女方沒有抱怨，男方便誤以為天下太平。隨著彼此逐漸熟悉了解，女方可能會開始對男方挑三揀四，毫無防備的他，很可能對你提出來的問題，感到不解與措手不及。

而偏偏女性總是運用最拙劣的溝通談判技巧，導致情況更加惡化。因為在親密關係建立之初，女人不懂得適時發牢騷，只期望男方會主動反應；等到最後他仍未改善時，女方日積月累的怨恨，便瞬間決堤了。待事情已發展到這種地步，雙方才大聲宣稱要求對方改進，已對親密關係造成嚴重的傷害。

一位精神治療師說：「並非只有男人缺乏安全感，女人有時候也有妥協的困難。當女人對感情失去信心時，她們可能會覺得必須透過命令對方，才能掌握安全感，只不過適得其反。」

就「讓步」而言，女人未必比男人更容易做到。

一對夫婦第一次上婚姻諮詢中心的時候，簡直就像颱風過境，在大部分諮詢期間，他們不斷指責對方，失去理智的雙方已演變為口舌之爭，不但互揭瘡疤，還翻對方舊賬。正當他們吵得火熱的時候，專家的一句話：「對不起，可以請問你們分出勝負了嗎？」適時地讓他們冷靜下來。

雖然他們的故事有點戲劇化，不過卻也是很多伴侶間的真實寫照。所有兩性戰爭的共同點是：只會責難對方、卻不學會諒解。

一旦灌輸他們傾聽對方心聲的觀念，慢慢地，女士和男友便開始平心靜氣地表達內心的感受與需求，也肯嘗試去體會過去並不了解對方的觀點。一段時間之後，他們已懂得找出問題的癥結，透過雙向溝通而取得了共識。

有時候，男女雙方連芝麻綠豆般小事，也會吵得天翻地覆。我們常聽到一個例子，女方因男方擠牙膏時從中間擠而大發雷霆。但是小事背後卻往往隱藏著極大的危機，其實造成男女雙方頻起衝突的原因，在於彼此都覺得被對方冷落，不再屬於對方生活的一部分，但由於雙方都不敢發洩累積已久的情緒，導致最後山洪爆發，互相傷害。

Chapter 5. 情感紐帶

——導致夫妻產生外遇的六個常見原因

家庭是社會的細胞，維繫夫妻關係的紐帶是感情和心理的需要。一旦這條「紐帶」發生了質的變化，那麼婚姻關係也就失去了存在的價值。

導致夫妻產生外遇的原因常見的有以下幾個方面——

一、寂寞心理——由於工作原因或是兩地分居，一些丈夫經常不在妻子身邊。如果這樣的丈夫又缺乏家庭責任心，不關心妻子，不經常寫信表達自己的思念之情，久而久之，必然使夫妻之間的感情趨向淡漠，使妻子產生寂寞心理，感到沒有精神依託。此時，如果遇上合適的異性，妻子就會喪失抵禦誘惑的能力，導致婚外情的發生。

二、怨恨心理——性生活是夫妻生活中一項十分重要的內容。如果伴侶因為性功能障礙，或因為追求事業終日忙碌，忽視了給予對方溫情，或丈夫在外面貪戀酒色，不能滿足妻子正常的生理需要，久而久之，就會使妻子產生怨恨心理，只要有機會認識一名男子，就極有可能演出「紅杏出牆」了。

三、失落心理——這種心理多見於婚前缺乏了解，一見鍾情、草率成婚；或者是戀愛不久就「生米煮成熟飯」，而「身不由己」的。婚後長期生活在一起，他們逐漸發現對方有很多壞毛病，或生理上有某些缺陷。在這種情況下，容易產生心理上的失落感，從而萌發異心。

四、達標心理——有的女子為了某種目的，委身於並不中意的男人，由於她們與丈夫缺乏感情基礎，一旦目的達到了，就會覺得丈夫或老或醜或看不順眼，不是以離婚而告終，就是「另抱琵琶」。

五、報復心理——有的丈夫對妻子不忠，在外面偷情獵豔，一旦事情敗露，往往會導致不愉快的結局。如果做妻子的考慮欠妥，一怒之下可能產生報復心理：既然你可以在外面拈花惹草，那麼，我為什麼不可以去尋找寄託？

六、優越心理——有的妻子因為自己的學歷比丈夫高，或地位優於丈夫，如果做丈夫的不願積極進取，就容易使妻子「恨鐵不成鋼」，覺得丈夫配不上自己。所以各方面條件都比丈夫好的妻子，出現婚外情的機率反而比較大，因為在她們周圍很可能有比她們丈夫強的男人。

鑒於上述情況，為了提高婚姻品質，夫妻雙方要了解產生婚外情的種種心理軌跡，加強交流，從自身做起，及時調整夫妻間的感情，使之不斷得到昇華。這樣，才能保證家庭的穩定和婚姻的幸福。

Chapter 6. 女人的權利

——女性為何多發性障礙

女性為何多發性障礙？專家們認為社會心理因素起重要作用。而夫妻之間缺乏必要的性交流與溝通，則是一個不可忽視的因素。女性的性生理和性心理的重要特徵之一就是：欲達到性高潮，不僅需要配偶在前奏期對性敏感區進行充分的刺激，而且還要給予更多的溫存與愛撫以及綿綿情話。如果妻子能在性生活剛開始時，將自己的需要告訴丈夫，讓丈夫按自己的意願去做，與丈夫進行溝通，相互密切配合，結果就會大為改觀。

1．把自己的「性欲週期」告訴丈夫

與男人不同，大多數女人的性欲與月經週期具有一種微妙的關係。英國女學者瑪麗·卡邁爾斯托普斯，進行了大量的社會調查研究，總結出——「女性性欲循環社會期曲線圖。」在這個曲線圖中表明，在每個28天的月經週期中，都有兩個波峰區，一個在月經前二、三天內，一個是在月經之後的八、九天內，兩個波峰區之間約14天左右。在波峰區期，女士有自發性的性衝動，處於肉體的生理的興奮狀態，這一重要特點不僅自己應該了解與掌握，還要告訴丈夫，讓丈夫知道。在此期間過性生活，女方容易達到性高潮。

性欲的消長變化不僅與月經週期有關，還深受其他多種因素影響，如氣候、飲食、精神生活和情緒等等，有些人夏季性欲強，而冬季性欲弱，有些人則恰恰相反；有些人在看描寫愛情的電影、電視或小說後，性欲常被激發，而多數人在遇到高興的事情之後，心情愉快、輕鬆時性欲增強。

作為妻子，應該將自己性欲變化的特點告訴丈夫。當然也要留心觀察，丈夫在什麼情況下性欲較旺盛，在什麼情況下性欲較差些。夫妻雙方想真正了解對方性欲變化的規律和特點，最好的辦法就是進行討論。切莫輕視這一點，能否做到會直接影響夫妻性和諧。有許多夫妻由於缺乏對對方性欲變化的了解，在一方性欲低的時候做愛，其後果不難可以想像。

2．將自己「最滿意」與「最不喜歡的」告訴他

在性生活過程中，包括準備階段和結束之後，每位妻子都有多種體驗，既有自己感到滿足、快樂和幸福的體驗，也可能有不甚滿意、失望、厭惡，甚至痛苦的體驗。這些體驗都應該與丈夫一一溝通與交流，主動地告訴他，他才會了解你的感受，並設法在日後討好你。

當然，怎樣講也要講究策略，這也是一種藝術。原則是先說自己最滿

意的，多讚揚。在丈夫高興的時候，再告訴他哪些做法自己不大喜歡，今後應該怎麼改進，切忌責怪，更不能挖苦和諷刺，例如說甚麼「這麼快，你真不中用！」等等。

3．你自己也要負起責任

在具體的性生活操作技巧上，妻子不能只當配角，任由丈夫擺佈你。應該明確地告訴丈夫，在前奏期，什麼樣的愛撫方式最好，刺激哪些部位最能激發性欲，什麼時候可以進行正式交媾（當然，這些也可以採用非語言的動作性暗示，但切忌出現誤解），在交媾中採用什麼樣的體位，持續的時間，動作的強弱，以及什麼時候射精，夫妻之間更應該相互溝通，因為這是達到性高潮、實現性和諧的關鍵所在。

房事結束後，是交流溝通的最佳時機，尤其是一次成功的性生活，夫妻都處在快樂、幸福之中，更應該總結一次經驗。

Chapter 7.

性的祕密

——男人與女人性觀念的不同之處

女人是感性的，但是殊不知男人更是相當的感性。他們個個以無師自通的類似專家的眼光，觀賞著每一個女人。對於美的捕捉與感受，他們是最敏感的，他們本能地注視著女人的臉龐、頸背及走路的姿勢。他們甚至猜想著她在床上的動作方式。

女人也會觀賞男人，但是女人更注意的是浪漫的性感而非性本身，女人更喜歡男人寬厚的肩膀、堅毅的五官、大踏步前進的步伐。

一、男人對於性的想像是持續不斷的——與女人相比，男人可以說是隨時隨地想著性、夢著性。男人夢到性的次數至少是女人的三倍。男人清醒時就對性想得比較多。而女人清醒時主要是想家庭的事情，就連做夢也是更多的夢到家庭。

二、女人夢到性時，大多是夢到我們熟悉的男人——夢中的性內容也只是親吻和愛撫，無論是現實還是夢境，女人都充滿了浪漫的幻想。

三、男人經常夢到漂亮、性感的女人和具體的性交行為——在夢裡男人也是積極主動的。當男人夢到女人時，即使不是性夢，而夢中的女人也通常不是他的老婆。

四、男人在白天對性的幻想也遠遠高於女人——而且這種幻想時間持續較長也較為具體。很多男人可以忍耐住婚姻中的性生活，但都會情不自禁地去幻想性。

五、在幻想中，性是他最想要的——在可憐相中沒有失望也沒有顧忌。有趣的是，最能性幻想的男人可能和女人相處得最融洽，但在性生活上卻是最失望的。

許多夫妻在性愛時缺乏交流，因此，大多女人不了解男人的性心理，不清楚他們的內心需求和喜歡採用的方式、情調，而男人對女人也大致如此，彼此之間只是一點猜測，更多的是不理解。

男人在性生活方面也比女人脆弱得多，他比女人想像得更憂心忡忡，而大多數女人都不知道男人的這種擔心。

事實上，在女人面前，無論男人表現出多麼自信和進行多麼強而有力的性行為，他依舊擔心。他擔心他的陽具是否正常，是否碩大，是否堅挺，他擔心早洩，他擔心女人不滿意、不滿足，等等。男人的性生活並不像表面上看的那麼容易，如果男人沒有情緒，那麼性生活對他而言，則是相當困難的。

每次做愛時，男人的男子漢氣概都處在危險狀態中，其實，女人是很能夠諒解他們偶爾的無能的，但僅僅一次失敗，男人的自信心就會一落千丈，而有的任憑老婆如何寬慰也無濟於事。而男人一旦陷入這種恐懼與焦慮，就大多會慢慢地出現性障礙，如不舉與陽痿等。

知道了這些男人與女人性觀念的不同，你就能明白和理解老公在性活動中的種種行為了吧？性愛同樣需要鼓勵，因為我們都不希望兩個人中那麼享受的性，變得如此不滿足，如此沒有生機。

Chapter 8. 對待分居

——發洩不滿情緒的最好方法

不管你是想分居或是離婚或是維持現狀，你都可能經受某種程度的憂慮之苦，而這種痛苦都是由微弱轉變成為劇烈。

我們的觀點是：如果你感到苦悶，不要大驚小怪，也不要把它看作是個人的弱點。由於你焦慮而且怒氣未消，因而就會有憂慮的情緒產生。

一、你最好找某人談談——如果你和你丈夫都認為你們的關係還有緩和的餘地，你就應當盡可能地取得專業人員的幫助。

二、發洩你心中的氣——你應該相信人們常把氣深埋在「心裡」。要想有意識地抑制它，將會進一步加深你的憂慮。憂慮就是壓制怒火，自欺自瞞的表現，其結果使人痛苦萬分。在這種情況下最好痛哭一場，痛快地向某人傾吐怨氣、發洩不滿，而不是壓制這種感情。

三、發洩不滿情緒的方法取決於你自己的個性，你的習慣方式——如果你認為大喊大叫有失風度，就不妨採用另一種方法——也許是某種活動的方式。如你一生中從未向誰大喊大叫過，你現在千萬別這樣做。也許外出拔些野草或騎上三小時的自行車，或到海邊走一走曬曬太陽看看浪花，你的氣就消了。當然，究竟採用什麼方法由你自己來決定。我們所能做的只是提出一些切實可行的方法，供你參考。

四、只要有可能，就應設法計劃獨立生活——最好能夠積累一些合理的意見，並弄清楚自己是否把一切都考慮周到了？不必要事事依靠他人。更用不著膽怯。在某種情況下既需要自我抗爭，也需要從書本中獲取力量。你也許不會成功，但是你必須要有失敗和成功的兩手準備。

五、重新開始自己的生活是非常令人激動的——不管你是否仍期待某個男人會馬上幫助你，然而，不要對此抱有幻想。盡力和各種各樣的人多多交往。

六、離婚的母親常常都非常勞累——做母親的應著手安排一下，如果這星期你和孩子們在一起，那麼至少一週中有一天，或一月中有一兩個週末，讓你離婚的丈夫和孩子們在一起。那些離了婚的男人也知道即便離了婚，他們仍應對孩子們負責。不要猶豫，讓他們履行自己的職責。

七、不要總是回憶過去，應著眼於未來——你有什麼打算？什麼目標？有工作了嗎？又有了新的癖好？有新朋友了嗎？不要用那麼多條條框框約束自己的生活。你如果有孩子，就應想辦法使他們幸福，但同時也要顧及自己。不要忘了，有了母親的幸福才會有孩子的幸福。我們知道你有時也覺得不幸福。雖然一帆風順的生活中會出現一些困境，但無疑對你的生活會大有幫助的。

當你陷入苦悶，不能自拔的情況下，最好和別的女士在一起交談一下，並組成一個聯誼的交談小組。在共同交談中，你可吸取別人的經驗教訓，找出問題並加以解決。

考慮和另一個與你處境相同的女士一起生活。這樣，你們的經濟將寬裕些，又有同伴相陪，還可以一起照看孩子。

尤其是當你覺得心煩意亂時，不妨花點時間去看場電影或聽場演講。如果沒工夫去消遣一下，那麼就靜靜地休息半小時——但一定不要有任何的干擾。

要想找一個工作，就要裝成什麼困難都沒有的樣子。比如說如果孩子病了，你就沒有女傭人照看他們。沒有哪個顧主喜歡自找麻煩。對意想不到或希望甚小的結局應抱持樂觀的態度，比如：「我能正確對待他們」。

當你打算和孩子們在一起之前，就該事前計劃你自己該怎樣消磨時間。不要只待在家裡，閉門不出等他們回來，這種情況比你想像的還常發生。儘量別那樣做，要不真成了小氣鬼。

如果為了養育孩子而辭去了工作，或是為了使丈夫完成學業而做某種下賤的工作，你就應該讓他為你感興趣的方面的訓練提供費用，提醒他你曾為他付出過同樣的代價。

許多女士沒有掙大錢的機會來支撐自己並為她們的家庭提供足夠的支助，這就是離婚或分居之後，男方應對女方付贍養費的理由。事實上，雖然現在女士有了工作，但這並不意味著她們就能馬上按勞取酬。

Chapter 9.

善待離婚

——如何給自己一個改正錯誤的機會

愛琳娜離婚了。本來為了幼小的女兒，她想維持這段不太如意的婚姻的。可丈夫不肯合作，她只好和他分手。在最初的日子裡，她的情緒很糟糕。責罵丈夫沒有良心，憐惜女兒失去了完整的家，更為自己孤單的生活感到害怕和恐懼。為此不知流了多少的眼淚。好朋友波麗也不知該怎樣勸慰她，只能空洞地勸她想開些，往前看。

但過了些時候，愛琳娜從灰暗中走了出來。她平靜地對波麗說：我終於想通了，還是應當善待離婚。既然已經離了，不想發生的事已經發生了，責罵、後悔和哭泣都沒有了意義，不如挺起腰來重新開始。

善待離婚，對女人來說尤為重要。善待離婚首先就是善待已經分手的他。既已分手，再糾纏往事，再去論青紅皂白都是沒有意義的。一般來說，夫妻之間是很難說清是非的。你想去說清，就只能平添煩惱。誰會心甘情願承認自己錯了？誰都覺得自己委屈。尤其是男人，他即使心裡有愧，嘴上也絕不會承認的。

善待離婚其實也就是善待自己的過去。畢竟你們曾經相愛過，曾經相互給予過慰藉，曾經在一個屋簷下躲過風雨，看過彩虹。你徹底否定他，不也等於徹底否定自己的過去嗎？而且否定了，心情又能好轉嗎？恐怕是會更沮喪。

善待離婚也就是善待未來。只有心平氣和地將過去安置好，才可能在較短的時間裡振作起精神，開始新的生活。離婚又不是患了婚姻絕症，只是一次失誤而已。只要你冷靜下來，就可以為自己開出藥方，治好自己的失誤。

善待離婚也包括善待他人。不要因為自己的丈夫對不起自己，就痛恨天下所有的男人；自己的婚姻失敗了，就厭惡所有的婚姻，嫉恨所有完整的家庭。

說到底，善待離婚就是善待自己。不要一味地埋怨自己軟弱，埋怨自己無能，埋怨自己瞎了眼看錯了人……

誰都有可能失敗，誰都有可能抓不住命運的舵。要給自己一個改正錯誤的機會。何況後來發生的錯，並不能證明一開始你就是錯的。事物總在變化之中，何況人的感情。

說到底，最好的善待，就是開始新的婚姻。

Chapter 10. 自己的功課

——女人的幸福指數與馬太效應

無論你婚後是否繼續工作，無論你是否生兒育女，要讓一個男人真正滿意並不是一件容易的事。況且女人還有自己的事業，自己的理想，自己的興趣和愛好。男人對女人的要求是複雜的。如果說，在社會上女人應該拒絕抵制所謂的潛規則的話，那麼在婚姻生活中，無論是顯規則還是潛規則，女人都得接受，這是無法拒絕和抵制的。但是接受並不等於是無可奈何的承受，無論是顯規則的遊戲，還是潛規則的遊戲，我們都可以做贏家。要成為贏家，自然就要有一點本領。

有些女人和丈夫結婚多年，勤勤懇懇，任勞任怨，辛辛苦苦操持著一個數口之家。男人一句話：一個道地的家庭婦女，就幾乎完全否定了女人的功勞，似乎你與他並不般配。當你犧牲了自己的事業，放棄了自己的工作，為了生兒育女，為了婚姻和家庭，青春消失殆盡，魚尾紋爬上了眼角，沒有人感恩，沒有人憐愛，別人似乎已開始為換夫人造輿論，你該是多麼的傷心。男人雖然有好壞之分，但是在對待女人這個問題，都有可能是十分無情的。

因此，任何一個女人都不應該把幸福的希望寄託在一個男人的人格操守上，而是應該把希望寄託在自己身上。沒有人可以給你幸福的生活，只有你自己可以給自己帶來幸福的生活。

女人的幸福指數也有個「馬太效應」——越快樂的人越享樂，越辛苦的人越不幸。

如果一個女人在婚後發現與丈夫趣味不投，性格不合，只要在結婚時不是以犧牲自己為前提的，離婚時就憑自己的青春美貌和分得的大筆財富，照樣可以去追求自己的幸福未來。這也是我們在前面，在講愛情婚姻時，為什麼強調找男人一定要找具有一定經濟基礎的男人的原因。如果找的是一個沒有經濟實力的男人，只有一種情況可以接受，那就是自己擁有很好的事業，前途無量，需要有一個貼心的男人幫自己打點。雖然對方沒有錢，但有很多優點。自己的財富可以支撐起未來富裕的生活。

最可怕的就是，女人犧牲自己的事業，犧牲自己的青春，為一個前途渺茫，事業未卜的男人去打拼，而他的事業最終並沒有成功。如果是這種情況，就算他的事業成功了又能怎樣？誰能保證你一定能分享他的成功，即使你們結婚了，誰能保證你一輩子都快樂和幸福？

沒有哪個女人有多少青春可以犧牲。沒有哪個女人的生活可以重來。沒有不變心的男人。只要一個男人能信守對婚姻的承諾，就已經是有道德的、可敬的男人了。而心理的變化是正常的，對事物感受的變化也是正常的。何況事物也都在變化之中。比如，你們更富有了，他的地位更高了，他對生活的期望值自然也會更高。如果你變得更庸俗、更勢利了，紅顏美女變成了半老徐娘，他的心理怎麼可能不發生變化？他可能會死了心，也有可能會重新燃起激情，重新去尋找自己新的生活。所以，女人要做好自己的功課，當個美女不一定快樂，當個聰明女則一定不會有煩惱！

〈全書終〉

國家圖書館出版品預行編目資料

長得漂亮是優勢，活得漂亮是本事／莉莉安著
-- 初版-- 新北市：新潮社文化事業有限公司，
2023.04
面；　公分
ISBN 978-986-316-873-7（平裝）
1. CST：生活指導　2. CST：女性

177.2　　112000954

長得漂亮是優勢，活得漂亮是本事

作　者　莉莉安
主　編　林郁
企　劃　天蠍座文創製作
出　版　新潮社文化事業有限公司
電話 02-8666-5711
傳真 02-8666-5833
E-mail：service@xcsbook.com.tw

印前作業　東豪印刷事業有限公司
印刷作業　福霖印刷企業有限公司

總 經 銷　創智文化有限公司
新北市土城區忠承路 89 號 6F（永寧科技園區）
電話 02-2268-3489
傳真 02-2269-6560

初　版　2023 年5 月